极简投资法

用11个关键财务指标看透A股

第2版

杨金◎著

人民邮电出版社

北京

图书在版编目（CIP）数据

极简投资法：用11个关键财务指标看透A股 / 杨金著. -- 2版. -- 北京：人民邮电出版社，2020.10（2023.3重印）
ISBN 978-7-115-54572-5

Ⅰ. ①极… Ⅱ. ①杨… Ⅲ. ①股票投资 Ⅳ. ①F830.91

中国版本图书馆CIP数据核字(2020)第144841号

内 容 提 要

为了帮助希望利用财务指标进行价值投资的读者，本书从上百种财务指标中，抽出11种基础指标，按照指标解析、需要注意的问题和通过指标寻找优质资产这三个步骤，深入浅出地阐述如何寻找安全的企业股票。因为价值投资并不负责解释哪只股票涨得快，只负责解释哪个企业比较安全，所以财务分析以寻找安全、优质资产为主，与此同时若辅以本书介绍的三种极简量化买入方法及本杰明·格雷厄姆推荐的多因子量化买入方法，将能够帮助价值投资者以恰当的价格买入优质、安全、被低估的股票。

本书实用性强，既是可供财务分析新手参考的基础图书，也是价值投资者即学即用的实用手册。

◆ 著　　杨　金
责任编辑　恭竟平
责任印制　周昇亮

◆ 人民邮电出版社出版发行　北京市丰台区成寿寺路 11 号
邮编　100164　电子邮件　315@ptpress.com.cn
网址　https://www.ptpress.com.cn
北京虎彩文化传播有限公司印刷

◆ 开本：700×1000　1/16
印张：14　　　　　2020 年 10 月第 2 版
字数：228 千字　　2023 年 3 月北京第 7 次印刷

定价：59.80 元

读者服务热线：(010)81055296　印装质量热线：(010)81055316
反盗版热线：(010)81055315
广告经营许可证：京东市监广登字 20170147 号

2015年8月，贵州茅台酒股份有限公司（以下简称"贵州茅台"）的股价下跌至166.20元，当月收盘价195.37元；2019年12月，贵州茅台的股价最高上涨至1 241.61元，期间每股派息38.50元。

2015年8月，云南白药集团股份有限公司（以下简称"云南白药"）的股价下跌至58.36元，当月收盘价69.37元；2019年12月，云南白药的股价最高上涨至120.05元，期间每股派息4.90元。

2015年8月，珠海格力电器股份有限公司（以下简称"格力电器"）的股价下跌至16.06元，当月收盘价18.45元；2019年12月，格力电器的股价最高上涨至66.10元，期间每股派息5.40元。

2015年8月，江苏恒瑞医药股份有限公司（以下简称"恒瑞医药"）的股价下跌至38.50元，当月收盘价44.40元；2019年12月，恒瑞医药的股价最高上涨至102.87元，期间每年每10股送2股，每股累计派息5.85元。

如果向后复权，这些股票的价格都已经超过了2015年的最高点，而有些股票的价格却一直在下跌。

打开上述4家企业在2015年8月公布的2015年中报会发现，这4家企业2015年前两个季度的经营状况，与2015年之前相比没有太大的变化，甚至有些还更好。那么我们是否能就此断定，股价下跌，与企业本身的经营状况没有关系？

本杰明·格雷厄姆说："从短期来看，股市是一台投票机；从长期来看，股市是一台称重仪。"什么是投票机？那就是所谓"外人"用世俗的眼光来衡量企业，他们用钱来投票，决定谁会更好、谁会更糟。可事实上，谁会更好、谁会更糟，并不是由投票来决定的，而是由企业内在的经营状况来决定的。

"投票"只是短期行为，而长期行为，则是要给企业"称重"。一个人的体重，是由投票决定的吗？即使所有人投票说他的体重只有25千克、15千克，甚至10千克，但他真实的体重可能有100千克。所以投票并不能决定企业的真正价值，只有给企业"称重"，才能了解它的真实价值。

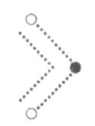

外部分析的渠道只有财务报表,那么在价值投资中,读懂财务报表就显得尤为重要。上述4只股票,财务报表显示没有太大的变化。因此股价下跌,恰好为我们提供了机会。相反,有些企业可能只是穿了鲜亮的衣服,显得很光鲜而已。

既然是价值"投资",我们就要与企业共同成长,这相当于与企业一起创业,我们也成了企业的一分子,只是个人能力各有不同。你会因为外人的投票,而将自己一手创造的企业卖掉吗?企业真实情况怎么样,只有"创业人"自己知道。

而"创业人"在乎的是什么?是净资产收益率。股东最关心的不是股价,股价只是别人对企业的看法,别人的看法有那么重要吗?所以"创业人"只关心自身的成长,那就是净资产收益率。它代表着"创业人"投入了多少钱,每年企业为"创业人"赚了多少钱,这才是实实在在的盈利。

或者有人会说,净资产收益率很高,但股价不高,那不还是没赚到钱吗?当然,最终将盈利变现,还是要归结到股价上的,可是别忘了,"从长期看,股市是一台称重仪",时间会给出答案,企业有多"重",就会回报多少。

读懂财务报表是关键,财务报表中的净资产收益率更是关键中的关键。本书的作用就是让读者能从这些错综复杂的数据中,找到净资产收益率上升或下降的底层逻辑。

山不在高,有仙则名;水不在深,有龙则灵;指标不在多,管用就行。财务指标多达几十个,甚至稍加变形,可以衍化出上百个。这些指标都有重大意义吗?并不是。实际上,很多指标没有太大的意义。

例如,资产负债率=总负债÷总资产,而产权比率=负债÷所有者权益。如果了解"资产=负债+所有者权益"这个恒等式,就会明白产权比率是从资产负债率演变而来的。如果理解了资产负债率的含义,就不必将产权比率放在同等重要的位置。本书精选了11个财务指标,每一个指标都会不同程度地影响净资产收益率。放弃那些华而不实的指标,以免使人眼花缭乱。

净资产收益率是衡量企业价值的重要指标之一,它就像一棵大树的树干。进行财务分析时,首先是进行杜邦分析,分别考查企业的盈利能力、营运能力和偿债能力。对这三大因素进行的分析,覆盖了资产负债表和利润表绝大部分的内容。最后考查的是企业的现金流情况。如果这4个指标都令人满意,可结合第2章讲解的4种买入方法,作为实战参考。

既然净资产收益率很重要,那么我们只看净资产收益率行不行呢?当然不行,因为驱动净资产收益率的因素至少有3个,而将这3个因素向下分,还有其他基础数据。在这些数据中,会有很多的"陷阱"等着我们,因此,对每一只股票,我们都要追根溯源、顺藤摸瓜,找到其最根本的驱动逻辑。

例如,北方某药企,某年以前的净资产收益率一直下滑,但那年净资产收益率开始突然升高,各大财经媒体纷纷发声,表示该药企最艰难的时期已经过去了,之后必将迎来拐点。其后两年该药企的净资产收益率确实一年比一年高。但它的股价,却是一年比一年低,这其中的原因是什么呢?

如果我们看该药企财务报表的数据就可以发现,代表盈利能力的销售净利率的不断上涨,是驱动净资产收益率不断攀升的主要因素,但这能说明该药企的盈利能力真的提升了吗?我们再找出净利润和营业收入的数据(销售净利率=净利润÷营业收入),发现净利润和营业收入都在不断地下滑,只是分母的下滑速度高于分子的下滑速度,导致了销售净利率的上涨,制造了一种盈利能力上涨的假象。

再看该药企的三大费用数据,其正常年份的销售费用为20亿元左右,随后两年销售费用仅为7亿元,销售费用不断被削减,而管理费用却每年保持在18亿元左右。我们不禁要问,销售费用的骤减,不会影响经营吗?

如果管理层有诚意,则应当维持销售费用不变,削减管理费用,可该药企却反其道而行之。那么该药企最艰难的时期过去了吗?我们可以判断:该药企最艰难的时期不仅还没有过去,甚至可能更艰难的时期还没有到来。所以学习分析财务报表,不仅能让我们筛选出优质资产,还能让我们在面对光鲜的数据时,避开某些企业利用数字挖的"大坑"。

当我们学会了分析财务报表后,财务报表上的数字就不会显得纷乱如麻了,反而是井井有条,每一组数字都会告诉我们一个秘密。当笔者教会一个朋友如何利用财务报表分析筛选股票后,他觉得玩转这些数字,使他看起来很"酷"。笔者希望读到这本书的朋友,不但在分析数字时很"酷",而且随着时间推移,你的账户余额也变得越来越"酷"。

在本书最后两章,笔者列举了对部分养老概念股和二胎概念股的净资产收益率以及现金流状况等内容的分析过程,以增强实战性。

本书中的实例,采用的是中国证券监督管理委员会公开披露的数据,笔者

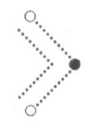

根据自己的投资经验进行了分析,仅代表笔者自己的立场,并不针对特定的公司。在书中提到的不适合投资的公司,也只是根据历史数据得出的结论,并不代表这些公司未来都不适合投资。

笔者虽水平有限,但希望利用多年的投资经验,为大家提供一些利用财务报表分析筛选股票的捷径,帮大家找到更好的学习方法。如果本书有谬误之处,请指正,谢谢。

第1章 将所有东西穿在一起的线：杜邦分析

1.1 杜邦分析 / 2

1.2 杜邦公式 / 3

1.3 简单的三大能力鉴定 / 4
    1.3.1 高销售净利率模式 / 4
    1.3.2 高周转率模式 / 5
    1.3.3 高杠杆模式 / 6

第2章 极简量化投资：4种买入法

2.1 极简市盈率买入法 / 10
    2.1.1 什么是市盈率 / 10
    2.1.2 理论正常市盈率 / 11
    2.1.3 如何利用市盈率进行交易 / 12
    2.1.4 每股收益陷阱 / 13
    2.1.5 极简市盈率法买入万科A / 16
    2.1.6 大巧不工、重剑无锋 / 19

2.2 低于每股净流动资产买入法 / 19

2.3 大规模下跌时的买入法 / 20

2.4 格雷厄姆的买入法 / 21
    2.4.1 美元成本平均法与跷跷板法 / 21
    2.4.2 防御型买入法 / 22
    2.4.3 积极型买入法 / 23
    2.4.4 量化买入法 / 23

第3章 一切的来源：营业收入

3.1 指标解析：开门营业 / 26
- 3.1.1 指标概念 / 26
- 3.1.2 指标公式 / 27
- 3.1.3 意义与作用 / 27

3.2 需要注意的问题：收入背后的成本 / 28

3.3 寻找优质资产：格力电器与毅昌股份 / 30
- 3.3.1 数据对比：营业收入与营业成本 / 30
- 3.3.2 杜邦分析：营运变慢时要提高单品盈利 / 32
- 3.3.3 极简市盈率买入法：格力电器 / 34

3.4 引申指标：营业收入增长率 / 37

第4章 营业成本之外的成本：三大费用

4.1 指标解析：并不只是生产才需要钱 / 40
- 4.1.1 指标概念 / 40
- 4.1.2 指标公式 / 41
- 4.1.3 意义与作用 / 41

4.2 需要注意的问题：管理费用是企业的"良心" / 42

4.3 寻找优质资产：伊利股份与光明乳业 / 43
- 4.3.1 数据对比：三大费用占比营业收入 / 44
- 4.3.2 杜邦分析：费用对销售净利率的影响 / 46
- 4.3.3 极简市盈率买入法：伊利股份 / 47

4.4 引申指标：成本费用利润率 / 49

第5章 扣除直接成本：毛利率

5.1 指标解析：企业定位 / 52
- 5.1.1 指标概念 / 52
- 5.1.2 指标公式 / 53
- 5.1.3 意义与作用 / 53

5.2 需要注意的问题：企业转型体现在毛利率 / 54

5.3 寻找优质资产：云南白药与青海春天 / 55
    5.3.1 数据对比：毛利率与总资产周转率 / 56
    5.3.2 杜邦分析：跳跃与稳定的权益乘数 / 57
    5.3.3 大规模普跌背景下买入云南白药 / 59

第6章 不在主营业务之内的收益：投资收益

6.1 指标解析：买彩票中奖并不代表盈利能力 / 63
    6.1.1 指标概念 / 63
    6.1.2 指标公式 / 64
    6.1.3 意义与作用 / 64

6.2 需要注意的问题：喧宾夺主 / 65

6.3 寻找优质资产：恒瑞医药与辽宁成大 / 66
    6.3.1 数据对比：投资收益对净利润占比 / 66
    6.3.2 杜邦分析：尴尬的双降格局 / 67
    6.3.3 大规模普跌背景下买入恒瑞医药 / 69

6.4 引申指标：隐藏的费用 / 72
    6.4.1 调整存货制造收益 / 72
    6.4.2 闲置厂房 / 72
    6.4.3 递延费用 / 73
    6.4.4 债券折价摊销 / 73

第7章 扣除成本和费用后谁更赚钱：营业利润率

7.1 指标解析：包括成本与费用的综合盈利能力 / 76
    7.1.1 指标概念 / 76
    7.1.2 指标公式 / 77
    7.1.3 意义与作用 / 77

7.2 需要注意的问题：投资收益不属于主营业务收益 / 80

7.3 寻找优质资产：华域汽车与长春一东 / 81
    7.3.1 数据对比：营业利润率 / 82

  7.3.2 杜邦分析：跳跃与稳定的销售净利率　/ 84

  7.3.3 极简市盈率买入法：华域汽车　/ 85

第 8 章　借了多少钱：资产负债率

8.1　指标解析：借的钱和自己的钱哪个更多　/ 89

  8.1.1 指标概念　/ 90

  8.1.2 指标公式　/ 90

  8.1.3 意义与作用　/ 91

8.2　需要注意的问题：净资产全军覆没　/ 91

8.3　寻找优质资产：华兰生物与海王生物　/ 93

  8.3.1 数据对比：资产负债率　/ 93

  8.3.2 杜邦分析：杠杆高、风险高　/ 94

  8.3.3 大规模普跌背景下买入华兰生物　/ 97

8.4　引申指标：产权比率　/ 100

第 9 章　短期偿债压力：流动比率

9.1　指标解析：快速变现能力　/ 102

  9.1.1 指标概念　/ 102

  9.1.2 指标公式　/ 103

  9.1.3 意义与作用　/ 103

9.2　需要注意的问题：存货与应收账款并不能快速变现　/ 104

9.3　寻找优质资产：泸州老窖与老白干酒　/ 106

  9.3.1 数据对比：流动比率　/ 107

  9.3.2 杜邦分析：企业路线不明显　/ 108

  9.3.3 大规模下跌背景下买入泸州老窖　/ 109

9.4　引申指标：速动比率、现金比率　/ 110

第 10 章　不仅是偿债能力测试：利息保障倍数

10.1　指标解析：赚的钱够不够还利息　/ 113

  10.1.1 指标概念　/ 113

　　　　10.1.2　指标公式　/ 114

　　　　10.1.3　意义与作用　/ 114

　　10.2　需要注意的问题：底层逻辑是盈利能力　/ 116

　　10.3　寻找优质资产：德赛电池与卓翼科技　/ 117

　　　　10.3.1　数据对比：利息保障倍数　/ 117

　　　　10.3.2　杜邦分析：我欠别人的、别人欠我的　/ 118

　　　　10.3.3　大规模下跌背景下买入德赛电池　/ 120

第11章　营运能力最关键的测试指标：应收账款周转率、存货周转率

　　11.1　指标解析：效率第一，兼顾公平　/ 124

　　　　11.1.1　指标概念　/ 124

　　　　11.1.2　指标公式　/ 125

　　　　11.1.3　意义与作用　/ 125

　　11.2　需要注意的问题：实际上分子、分母都不科学　/ 126

　　11.3　寻找优质资产：隆平高科与福建金森　/ 127

　　　　11.3.1　数据对比：应收账款周转率与存货周转率　/ 128

　　　　11.3.2　杜邦分析：局部影响整体　/ 128

　　　　11.3.3　大规模下跌背景下买入隆平高科　/ 129

第12章　赚的是账面还是真金白银：盈余现金保障倍数

　　12.1　指标解析：账面盈利还是实际盈利　/ 132

　　　　12.1.1　指标概念　/ 132

　　　　12.1.2　指标公式　/ 133

　　　　12.1.3　意义与作用　/ 133

　　12.2　需要注意的问题：并不是越高越好　/ 135

　　12.3　寻找优质资产：双汇发展与莲花健康　/ 137

　　　　12.3.1　数据对比：盈余现金保障倍数　/ 138

　　　　12.3.2　杜邦分析：净资产突然覆没　/ 138

　　　　12.3.3　大规模下跌背景下买入双汇发展　/ 140

第13章 可自由支配的现金：自由现金流

13.1 指标解析：可自由分配用于偿债或派息的现金 / 143
13.1.1 指标概念 / 143
13.1.2 指标公式 / 145
13.1.3 意义与作用 / 145

13.2 需要注意的问题：投资是企业持续生存必不可少的阶段 / 146

13.3 寻找优质资产：招商港口与中国石油 / 148
13.3.1 数据对比：自由现金流 / 148
13.3.2 杜邦分析：持续双双走低态势 / 149
13.3.3 极简市盈率买入法：招商港口 / 150

第14章 养老概念股分析

14.1 中新药业 / 155
14.1.1 中新药业的杜邦分析数据 / 155
14.1.2 中新药业的现金状况 / 156
14.1.3 中新药业的投资收益 / 156

14.2 哈药股份 / 159
14.2.1 哈药股份的杜邦分析数据 / 159
14.2.2 哈药股份的现金状况 / 160
14.2.3 哈药股份的销售费用和管理费用 / 160

14.3 双箭股份 / 164
14.3.1 双箭股份的杜邦分析数据 / 164
14.3.2 双箭股份的定增收购 / 165

14.4 康恩贝 / 168
14.4.1 康恩贝的杜邦分析数据 / 168
14.4.2 康恩贝的现金状况 / 169
14.4.3 康恩贝的成本与投资收益 / 170

14.5 东富龙 / 172
14.5.1 东富龙的杜邦分析数据 / 172

14.5.2 东富龙的现金状况 /172
14.5.3 东富龙的盈利能力 /173

14.6 旷达科技 /176
14.6.1 旷达科技的杜邦分析数据 /176
14.6.2 旷达科技的现金状况 /177
14.6.3 旷达科技的举债与偿债 /177

14.7 尚荣医疗 /179
14.7.1 尚荣医疗的杜邦分析数据 /180
14.7.2 尚荣医疗的现金状况 /180
14.7.3 尚荣医疗合并报表 /181

14.8 鱼跃医疗 /184
14.8.1 鱼跃医疗的杜邦分析数据 /184
14.8.2 鱼跃医疗的现金状况 /185
14.8.3 鱼跃医疗快速增长的资产 /185

第15章 二胎概念股分析

15.1 威创股份 /190
15.1.1 威创股份的杜邦分析数据 /190
15.1.2 威创股份的现金状况 /191
15.1.3 威创股份的盈利能力 /191

15.2 孚日股份 /193
15.2.1 孚日股份的杜邦分析数据 /193
15.2.2 孚日股份的现金状况 /194
15.2.3 孚日股份的资产减值损失 /194

15.3 中顺洁柔 /198
15.3.1 中顺洁柔的杜邦分析数据 /198
15.3.2 中顺洁柔的现金状况 /199
15.3.3 中顺洁柔的盈利能力 /199

15.4 长春高新 /202
15.4.1 长春高新的杜邦分析数据 /202
15.4.2 长春高新的现金状况 /203

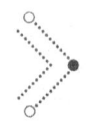

15.4.3　长春高新的盈利能力　/203

15.5　齐心集团　/204

15.5.1　齐心集团的杜邦分析数据　/204

15.5.2　齐心集团的现金状况　/205

15.5.3　齐心集团的举债并购　/205

15.6　通策医疗　/207

15.6.1　通策医疗的杜邦分析数据　/207

15.6.2　通策医疗的现金状况　/208

15.6.3　通策医疗的稳定经营　/209

第1章

将所有东西穿在一起的线：杜邦分析

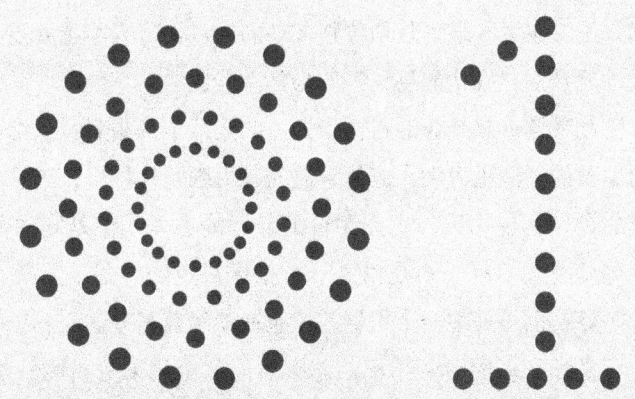

价值投资离不开财务报表分析，而财务报表中动辄几十个的财务指标，会弄得人晕头转向。有人说企业的负债不能过高，但负债率常年为80%左右的格力电器，能说它不好吗？有人说毛利率不能过低，但毛利率常年在10%以下的沃尔玛百货有限公司（以下简称"沃尔玛"），能说它不好吗？有人说周转率要高，但周转率明显低于同行业水平的贵州茅台，能说它不好吗？

所以通过财务报表分析财务指标时，并不是单一地看某一个指标。如果说一家企业经营得好，股票价格涨得高，然后发现某一个财务指标特别好，就说这个财务指标起着决定性的作用，这个说法是不对的，至少逻辑上是不通的。例如，王二在大家眼里是个特别成功的人，他每天早上6点起床，吃一个苹果，能说这就是王二成功的秘诀吗？当然不能。

因此考量一家企业的财务指标，应当从全局来看，从综合素质来看。例如，格力电器的偿债压力大，但是它盈利能力强，杠杆高；沃尔玛的单品利润率低，但是它的营运能力强；贵州茅台的营运能力差，但是它的单品利润率高。一家企业经营得怎么样，不是由某一个指标决定的：并不是某一个指标好，企业就经营得好；也不是某一个指标差，企业就经营得差。

可是那么多的财务指标，怎么才能从全局来分析呢？这些财务指标之间又有什么关系呢？所幸有一种工具，可以将所有的财务指标都串连起来。

1.1 杜邦分析

杜邦分析是在20世纪20年代，由杜邦公司首先采用的一种衡量企业表现的标准。杜邦分析更注重的是投资回报率，而不是股票价格。

价值投资与技术分析不同，技术分析有三大假设，其中之一就是价格会包容、消化一切，因此除了价格不必理会其他的因素。

价值投资更注重的是企业本身，买入某企业的股票等于成为该企业的股东。股价于股东而言意义不大，股价的涨跌只是外人对企业的评价，企业本身能赚多少钱比股价的波动更有意义。

众口难调，我们每个人都不一定能成为别人心中最友善、最有价值的朋友。因为总会有人对我们交口称赞、有人对我们怀恨在心，所以无论是外人说好，还是外人说坏，对我们来说都没什么意义。价值投资就是只关注自我，而不在意外界的评价。唯一需要在意的，就是外界极端低估股价时或极端高估股价时——当外界极端低估股价时买入，当外界极端高估股价时卖出。

本杰明·格雷厄姆（以下简称"格雷厄姆"）曾说："从短期来看，股市是一台投票机；从长期来看，股市是一台称重仪。"所以股票价格总有一天会回归到它应有的价值上，要将关注点放在企业自身上，企业经营得好，能给股东赚钱，从长期来看，股价自然会上涨。

那么为什么要注重投资回报率呢？投资回报率在财务报表分析中被称为净资产收益率，也就是企业一年能为股东带来多少利润。例如，企业的净资产是100万元，一年后赚取了10万元的净利润，那么企业的净资产收益率或投资回报率就是10%。

净资产收益率越高，说明企业为股东赚钱的能力越强；净资产收益率越低，说明企业为股东赚钱的能力越差。2019年已知的国债最高利率为4.27%，如果企业的净资产收益率低于4.27%，那么就意味着，股东还不如拿钱买国债呢。

据"问财"数据统计，2018年年报，沪深市场中净资产收益率小于4.27%的企业共有1 192家。

1.2 杜邦公式

既然如此，只考虑净资产收益率就够了吗？当然不是，一辆车跑得快，不仅是发动机的功劳，还是底盘、车身、轮胎等各个部件共同作用的结果。所以我们还要考虑其他因素，看一看经营得好的企业，到底是哪一个指标在驱动股价上升。

企业的综合素质，大致可以分为3个方面，即盈利能力、营运能力、偿债能力。3种能力缺一不可。如果企业不能盈利，就相当于车不能跑；如果企业不懂营运，就相当于车的负载太多，冗余太多；如果企业有偿债压力，就相当于车快没油了。任何一个方面出现问题，都会使车跑不快、跑不远。

这3种能力被浓缩于杜邦公式中，该公式如下。

净资产收益率

=销售净利率×总资产周转率×权益乘数

=（净利润÷营业收入×100%）×（营业收入÷总资产×100%）×（总资产÷净资产）。

公式中的3个因子，分别用于考查企业的盈利能力、营运能力和偿债能力。因为最后一项权益乘数可以改为1÷（1-资产负债率），所以也可以看成企业运用杠杆的能力，这些问题在本书后面的内容中会进行介绍。

杜邦公式中的任何一项都可以拆分，从而涵盖所有的财务指标，所以说杜邦分析是将所有的东西穿在一起的线。净资产收益率就像一棵树的树干，3个因子就像3根树杈，而各种数据指标就像树叶，它们共同组成了考查企业财务指标的各项标准。我们也就能顺藤摸瓜找到驱动净资产收益率提高的因素。

1.3　简单的三大能力鉴定

杜邦公式中的各项数据，都可以在财务报表中找到，或者在炒股软件中，按F10键，即可查到相关的财务数据。

1.3.1　高销售净利率模式

例如，A公司××年的数据为：净利润16.66亿元、营业收入27.37亿元、总资产209.90亿元、净资产194.63亿元，将这些数据代入杜邦公式中。

净资产收益率

=销售净利率×总资产周转率×权益乘数

＝（净利润÷营业收入×100%）×（营业收入÷总资产×100%）×（总资产÷净资产）

＝（16.66÷27.37×100%）×（27.37÷209.90×100%）×（209.90÷194.63）

＝60.87%×13.04%×1.08

＝8.57%。

可以将60.87%看作盈利能力，将13.04%看作营运能力，将1.08看作偿债压力或运用杠杆的能力进行分析。

净利润占营业收入的60.87%，相当于每收到100元，其中有60.87元是扣除成本和费用的净利润，这是非常高的，所以可以看出A公司驱动净资产收益率的最主要因素是盈利能力；营业收入仅占总资产的13.04%，也就是说每年的收入，对于庞大的公司资产来说，占比非常小，说明其营运能力不强；总资产为净资产的1.08倍，说明公司的总资产非常高，负债非常少，偿债压力非常小，或者说毫无压力，但是从这一点也可以看出，A公司并不注重使用杠杆。

综上所述，A公司是一家自给自足，不依赖外部资金，并且产品附加值非常高的企业，它不以快速营运来提高收益，而是以单品获取最大利润为目标。对于这类公司，要注意的是它的单品盈利能力，如果这方面出现了问题，那么该公司就失去了发展的驱动性因素。

1.3.2 高周转率模式

例如，B公司××年的数据为：净利润2.83亿元、营业收入97.36亿元、总资产91.99亿元、净资产41.36亿元，将这些数据代入杜邦公式中。

净资产收益率

＝销售净利率×总资产周转率×权益乘数

＝（净利润÷营业收入×100%）×（营业收入÷总资产×100%）×（总资产÷净资产）

＝（2.83÷97.36×100%）×（97.36÷91.99×100%）×（91.99÷41.36）

＝2.91%×105.84%×2.22

＝6.84%。

通过上面的计算可以看出，B公司每收入100元中，只有2.91元是净利润，可见B公司不以单品获利。但B公司一年的营业收入，抵得上公司的总资产，说明公司营运能力强，资产周转得快。至此就可以看出B公司发展的驱动因素是营运能力。总资产是净资产的2.22倍，即净资产只占公司总资产的44.96%，说明B公司略有偿债压力，但略高的负债，使B公司可以利用杠杆提高净资产收益率。

可见，B公司是一家不以单品获利的公司，而是通过有意压低单品利润，利用高速运转的资本和杠杆来获利。可以推测出，B公司是一家以零售为主的企业，它发展的驱动因素就是其营运能力。

1.3.3 高杠杆模式

例如，C公司××年的数据为：净利润0.27亿元、营业收入14.57亿元、总资产17.10亿元、净资产0.07亿元，将这些数据代入杜邦公式中。

净资产收益率

=销售净利率×总资产周转率×权益乘数

=（净利润÷营业收入×100%）×（营业收入÷总资产×100%）×（总资产÷净资产）

=（0.27÷14.57×100%）×（14.57÷17.10×100%）×（17.10÷0.07）

=1.85%×85.20%×244.29

=385.05%。

通过上面的计算可以看出，在高权益乘数的情况下，即便销售净利率和总资产周转率低，也能轻松提高净资产收益率。可一旦经营不善，亏损也是巨额的。

杜邦分析可以为分析复杂的财务指标给出一条清晰的逻辑路线，给出精准的定位，长板短板皆清晰可见。我们主要关注驱动因素，其他因素不拖后腿、不会使公司出现各种危机即可。

所以，虽然万科企业股份有限公司（以下公司简称"万科"，证券简称"万科A""万科H代"）的负债率很高，但它还是涨得很好的股票之一。虽然贵州茅台的营运能力不强，但它还是涨得很好的股票之一。总之，企业的股票涨得好，不是由某一个指标好促成的，而某一个指标不好，也不能将失败归罪于它，要综合性地看待财务指标。

为什么要将净资产收益率拆开？净资产收益率只是考查净利润与净资产之间的关系，也就是只考查了资产负债表内部的关系，过于片面。但拆开后，分为三大因素，其中销售净利率（净利润÷营业收入×100%）可以用来考查利润表内部的关系，总资产周转率（营业收入÷总资产×100%）可以用来考查利润表与资产负债表的关系，权益乘数（总资产÷净资产）可以用来考查资产负债表中元素间的关系。

在采用杜邦公式分析的时代，现金流量表并未得到足够的重视。所以除了杜邦分析，还要单独考查现金流量的问题，其中以经营现金净流量和自由现金流为主，跨表考查以盈余现金保障倍数为主（经营现金净流量÷净利润），这是利润表与现金流量表的关系。

财务分析绝不是静态分析，它需要将三大报表联系起来，丝毫不漏地囊括所有数据。

通过销售净利率，可以看到净利润和营业收入的关系，但净利润还包含成本、三大费用、资产减值、投资收益等，而且营业收入不仅包括了主营业务收入，还包括了其他业务收入。

通过总资产周转率，可以看到营业收入和总资产的关系，但总资产还包括流动资产、非流动资产。其中的周转率还包括重要的存货周转率、应收账款周转率。

通过权益乘数，可以看到总资产与净资产的关系，但权益乘数还能反映负债与总资产的关系、负债与净资产的关系等。

杜邦分析就像一个变形金刚，合起来，是净资产收益率，是股东最关心的指标之一；拆开来，可以将它细化到任何一个财务报表中的任何一项数据上，我们顺藤摸瓜，就能找到有问题的那一项数据，或驱动净资产收益率的那一项数据。

财务指标有很多，但很多指标不过是重要指标的某一种变形，总体来讲，我们需要掌握的指标有11个，通过这11个指标和几种买入法，就可以买入较为安全的股票。

财务分析负责筛选股票，它是价值投资的一部分，而价值投资负责解释哪只股票更安全，不负责解释哪只股票涨得更快、更好。有人曾说："投资的刚需是避险，投资收益，只不过是避险的副作用。"既然选择了拿起这本书，想必应该了解价值投资的理念，这里就不再赘述了。接下来就直接开始找方法，将理念付诸实践。

第 2 章

极简量化投资:
4 种买入法

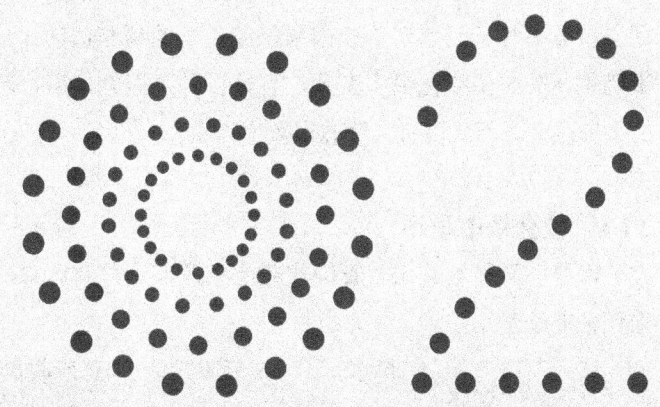

如果只能分析出哪家企业是优质资产,但不知道在什么价位、什么情况下买入优质资产,那么分析本身便没有多大意义。

2.1 极简市盈率买入法

市盈率有动态市盈率与静态市盈率两种,而根据动态市盈率的定义可知,动态市盈率等于股票现价和未来每股收益的预测值的比值,因为其分母数值并不确定,其中便存在很多变数,有很多种可能性,所以动态市盈率并没有太大的参考意义。因此以研究静态市盈率为主。

2.1.1 什么是市盈率

市盈率又称本益比、股价收益比率或市价盈利比率,经常用 PE ratio 或 PE 来代表市盈率。

市盈率 = 当期每股股价 ÷ 每股收益

例如,将 100 元存入银行,存款年利率为 2.75%,那么 1 年后,将获得 2.75 元的利息收入。存入银行 1 年的回报率为 2.75%,它的倒数为 36.36（1÷2.75%）,那么市盈率为 36.36 倍。

2019 年 12 月 19 日,深圳世纪星源股份有限公司（以下简称"世纪星源",000005）的收盘价为 3.15 元,根据其 2018 年的年报数据,2018 年每股收益为 0.140 6 元。如果在 2019 年 12 月 19 日以每股 3.15 元的价格买入其股票,相当于投资者愿意每股投入 3.15 元来作为世纪星源的股东，世纪星源每年为股东每股赚取 0.140 6 元，那么它的回报率就是 4.46%（0.140 6÷3.15），其倒数为 22.40，世纪星源的市盈率为 22.40 倍。当然也可以直接用 3.15÷0.140 6 计算市盈率。

但可能会有疑问，上面讲到的世纪星源的每股收益 0.140 6 元是 2018 年的数据，并不代表世纪星源在 2019 年每股仍赚 0.140 6 元，可能 2019 年比 2018 年会赚得更多，也有可能赚得更少。在做财务分析时，应尽量减少主观预测的成分，因此最保守的方法，就是默认世纪星源会保持目前经营情况不变，每股仍赚 0.140 6 元，那么在 2019 年年报公布前，计算市盈率的分母只能保持 0.140 6 元不变。

随着股价的变动，世纪星源的市盈率也会随之变动，是高是低，这取决于当前股价的高低。

但要注意一种情况，当股权结构出现变动，或出现分红派息的情况时，需要进行还原计算。2018 年 8 月 27 日（星期一），中铁高新工业股份有限公司（以下简称"中铁工业"，600528）分红派息，10 派 1.90 元，也就是每股分红 0.19 元，此时股价要进行除权处理，将 8 月 24 日（星期五）收盘价的 10.68 元除权后为 10.49 元。如果按除权后的价格来计算，通过中铁工业 2017 年的年报可查，其 2017 年每股收益为 0.63 元，市盈率为 16.65 倍（10.49÷0.63）。但是分红派息是 2018 年的事情，与 2017 年每股收益没有任何关系，不能因为 2018 年的事情而影响 2017 年的数据，所以应当将这 0.19 元加回到除权后的股价上，所以中铁工业真实的市盈率为 16.95 倍（10.68÷0.63）。

2018 年 7 月 10 日，山东省药用玻璃股份有限公司（以下简称"山东药玻"，600529）的收盘价为 21.11 元，2017 年年报显示每股收益为 0.87 元，那么山东药玻在 2018 年 7 月 10 日的市盈率为 24.26 倍。但是不要着急，我们要看一下山东药玻在 2018 年的股权变动情况。

2018 年，山东药玻的分红方案是 10 股转 4 股，也就是说原来的 10 股变成了 14 股，那么此时的股价 21.11 元实际上是已经被除权处理过的，所以要将股价还原。10 股变为 14 股，且每 10 股派 3 元，还原处理为当前股价 21.11 元乘以 1.4，再加上 0.30 元，为 29.86 元，这样算出来山东药玻的市盈率为 34.32 倍（29.86÷0.87）。

2.1.2 理论正常市盈率

市盈率是回报率的倒数，所以市盈率越高，则回报率越低；市盈率越低，则回报率越高。但多少是高、多少是低呢？有没有一个合适的标准？

低风险投资较好的选择是购买长期国债，2019年已知的长期国债的最高利率为4.27%，也可以理解为无风险投资的最高回报率为4.27%，任何高于4.27%的非长期国债投资都是有风险的。

如果某一项投资是风险投资，并且回报率还低于4.27%，那不如直接买长期国债。因此我们就可以将长期国债的市盈率作为标准。

根据4.27%的利率来计算长期国债的市盈率为23.42倍（100÷4.27），可以理解为任何市盈率高于23.42倍的股票，都没有投资价值。请注意，这里说的是价值投资，是把自己想象成企业的老板，我们追求的并不是股价的变动，而是企业经营的成果。市盈率为23.42倍，就是一个标杆。

2.1.3 如何利用市盈率进行交易

如果买东西砍价，砍多少合适？通常都是"拦腰一刀"。如果某只股票每股收益为1元，股价为23.42元，市盈率为23.42倍，这是上限。下限是市盈率按照12倍计算，也就是以每股12元买入，等到这只股票的价格回归到正常市盈率时，我们就能赚一倍的利润。

可是有时候，真实走势并不是这样的，虽然市盈率按照10倍计算，但为什么有时股价可能跌到8倍甚至6倍市盈率价格？此时还要忍受资金有40%以上可能被套的痛苦，如果资金被套到这种程度，那么说明这种方法一定有问题。

那么从头再想一遍，4.27%作为标杆对不对？可能对，又好像出了点儿问题。银行的贷款利率一定高于借款利率，贷款利率是多少呢？长期年平均水平是6%～7%，那么就取中间值6.50%。

如果6.50%是标杆，是上限，此时正常的市盈率是15.38倍。如果用0.40美元买1美元的东西，那么砍价时就不是"拦腰一刀"给5折了，而是给了4折。15.38倍的4折是多少？6.15倍，恰好解决了之前的疑惑，股价是可以跌到6倍市盈率的。而我们要耐心等待的时机就是市盈率为6～7倍时。

可是问题又来了，有些公司的经营情况常年不好，但就在今年突然赚了很多钱，假设它的股价维持不变，它的市盈率会变得非常低，难道只因为它今年表现非常好，这家公司就会变成一匹黑马吗？当然不是。

考察一个人的品行，不能只看他最近做的一件事，而要看他多年来做的所有的事。所以，考查一家公司的市盈率是否够低、是否值得投资时，不能只看一年的数据，而要看长期的平均数据。

$$长期平均市盈率 = 当期每股股价 \div 长期平均每股收益$$

根据格雷厄姆的方法，在计算长期平均市盈率时，最好计算最近 7～10 年的平均每股收益。可是长期平均市盈率达到多少时才可以买入呢？这是一个非常棘手的问题，如果太低了，更多的时间都在等待，可太高了又可能被长期套牢。

但要想一下初衷，做股票交易的真正目的是什么？就是随企业一同成长，就是价值投资。如果将格雷厄姆的作品用几个字来概括，就是 4 个字——物有所值。所以，既然正常市盈率是 20～25 倍，那么用一个笨方法，找一个下限，只要股价低于 15 倍长期平均市盈率价格即可买入，而高于 15 倍长期平均市盈率价格时，应静观其变。

这种方法从理论上推导是可以赚钱的，因为股价不可能总低于 15 倍长期平均市盈率价格，股价是波动的，总有一天会高于 15 倍长期平均市盈率价格，甚至可能更高，达到 40～50 倍长期平均市盈率价格。所以从长期来看，盈利几乎是必然的事。

那么股价低于 15 倍长期平均市盈率价格时，应当买入多少呢？多久买入一次呢？如果是每个月买入一次，应当只在每个月最后一个交易日，临近收盘时，以最接近收盘价的价格买入，无论价格是涨是跌，每个月定期定额地买入。这种方法在格雷厄姆的《聪明的投资者》一书中被称为美元成本平均法，经过他几十年的回测发现，这是一种可长期稳定盈利的方法。

为什么在格雷厄姆的书中，除了讲理念，就是在不断地讲每股收益的问题？因为只有计算出真实的每股收益数据，才能计算出长期平均市盈率。

因此，现在问题变成了"3 000 多只股票，我买哪一只"。买卖股票不能偏离主旨——我们是来投资的。沃伦·巴菲特说："如果你不想持有一只股票 10 年，就不要持有 10 分钟。"真正考虑卖出股票的情况只有两种，一种是企业的经营出现了问题，另一种是急着用钱。

2.1.4 每股收益陷阱

按照格雷厄姆的买入条件，需要先计算一家企业的平均每股收益，时间跨度最好为 7～10 年。如果 7 年平均每股收益为 1 元，那么我们在 8 元左右买入，是比较划算的。

可是还面临着新问题，要计算平均每股收益，就要计算几年间的每股收益数据。但每股收益数据中，潜藏着许多的陷阱，虽然我们可以将这些陷阱识别出来，但如何处理还是令人困扰的。其中一个陷阱是现金派息。

假设一家公司的股本为100股，无负债，股价为10元。那么它的市值为1 000元。当期利润为50元，那么每股收益为0.50元。10元除以0.50元，当期市盈率恰好为20倍。可是年中要派息，董事会决定，10股派50元，也就是1股派发现金红利5元，所以股东每股分到了5元现金（不考虑税）。股价必须除权，那么这家公司的股价在除权日应降为5元。

现在这家公司的数据变成了：股本为100股，无负债，股价为5元，市值为500元。当期利润为50元，每股盈利为0.50元。再算一下市盈率：5÷0.50=10倍。当市盈率为10倍时，基本上可以考虑买入。

未派发股息前，市盈率为20倍，此时不买。派发股息后，市盈率为10倍，可以买。为什么在这家公司减少了500元的现金后，反倒有了买入的价值呢？

其实，可以肯定地说，这种情况是不可能出现的。因为现金派息，必须使用当期利润。而当期利润只有50元，所以不能派500元的股息。理论上，这家公司的最大派息也只能是10股派5元，股价除权后为9.50元，不会影响我们的决策。所以关于现金派息的问题，可以放心地放在一边了。

另一个陷阱就是高转送。转股与送股的区别是，一个用未分配利润来操作，另一个用盈余来操作。至于这两点，我们暂时没必要去弄清楚，因为最后结果基本没有差别。

一家公司的股本为100股，股价为9元，市值为900元。当期利润50元，每股获得收益0.50元。董事会决定，10股转10股送10股，相当于10股拆成了30股，那么除权后股价变成了3元。

在未转送前，市盈率为18倍（9÷0.50），此时不买。而除权后市盈率为6倍（3÷0.50），此时要买。那么问题又来了，未转送前不能买，转送后可以买，只是因为股本结构发生了变化吗？

来看一个实际的例子，天士力医药集团股份有限公司（以下简称"天士力"）2012年至2018年，7年间的每股收益分别是1.49元、1.07元、1.32元、1.38元、1.09元、1.27元、1.02元。7年平均每股收益为1.23元，2019年12月19日的收盘价为 15.78 元，此时 2019 年的年报未公布，所以按最近的年份来计算。

按照格雷厄姆的买入策略，此时的 7 年平均市盈率为 12.83 倍，可以买入。但如果查一下天士力的股本变动情况就会发现，2018 年分红方案为 10 股转 4 股派 4 元，股本拆分成了原来的 1.4 倍。首先我们不知道 2019 年的每股收益是多少，只能按 2018 年年报数据来计算平均每股收益。因此，不能还原每股收益数据，只能从价格上复权。

现在的股价为 15.78 元，还原后股价为 22.49 元，7 年平均市盈率为 22.49÷1.23=18.28 倍，所以 2019 年 12 月 19 日还原后的真实平均市盈率为 18.28 倍。

但后续还是有问题，如果 2019 年的年报公布了，并且盈利能力未发生变化，7 年平均每股收益为 0.92 元（股本 1 拆 1.4，还原回来还是每股 1.28 元）。再算一次，2012 年到 2019 年，8 年的平均每股收益为 1.28 元，8 年平均市盈率为 15.78÷1.28=12.33 倍，还是可以买的。

这就是计算中的陷阱，计算平均每股收益时使用的是平均值，每一年的权重相当，虽然 2019 年的收益变小了，但并未给平均每股收益造成过大的影响，它只起到了 1/8 的影响力。可当前股价不是平均值，它是按当年当时来计算的，这样就会造成特别大的偏差。因此，还是以还原股价为基准，不必还原每股收益。

另外一个例子是三川智慧，2008 年至 2014 年，7 年的每股收益分别为 0.94 元、1.61 元、1.35 元、0.60 元、0.50 元、0.65 元、0.50 元。2011 年分红方案为 10 股转 10 股，2012 年为 10 股转 5 股，2014 年为 10 股转 6 股，2015 年为 10 股转 6 股后又 10 股转 8 股送 7 股，2016 年为 10 股送 7 股转股 8 股派 0.80，2017 年为 10 股派 0.20，2018 年为 10 股派 0.20，2019 年为 10 股派 0.20。连续的高转送，这才是最难解决的问题。

这样几乎每年都大规模地高转送，还需要再次还原吗？按照笔者的理解，不必还原，因为这些高转送都是发生在 3 年前，已经融入股价中，也就是说它被消化了。并且无论怎么转送，它最终反映的是平均每股赚了多少钱。

如果进行还原，假设分红方案是 10 股转 10 股，10 股变 20 股，那么下一年度的每股利润应当变为当期的两倍，如果计算买入的价位时，还要按照还原后的数据来计算，才能算是复权后的标准单位，还需要再次转为当前股本和当前价格，但这种还原计算是没有必要的。

那么何时需要还原呢？就像天士力那样，2019年的年报还没出来，计算平均每股收益时并没有加入2019年的数据，但2019年的价格已经出来了，甚至2020年的交易价格也出来了，要一直到2020年4月左右才能给出2019年的年报数据。

在有了新一年度交易价格时，才有必要对股价做复权计算，而其他情况就没必要了。

2.1.5 极简市盈率法买入万科A

表2.1所示为万科A的7年平均每股收益与15倍长期平均市盈率价格数据，如2003年4月才会发布2002年的年报，那么1996年至2002年的数据要等到2003年4月才可以使用。并且如果每年年中股权结构发生变动，或者派发股息，就要对当期股价进行复权处理。

表2.1 万科A的7年平均每股收益与15倍长期平均市盈率价格数据

单位：元

时间	7年平均每股收益	15倍长期平均市盈率价格
1996年至2002年	0.49	7.35
1997年至2003年	0.48	7.20
1998年至2004年	0.47	7.05
1999年至2005年	0.47	7.05
2000年至2006年	0.46	6.90
2001年至2007年	0.50	7.50
2002年至2008年	0.47	7.05
2003年至2009年	0.45	6.75
2004年至2010年	0.49	7.35
2005年至2011年	0.56	8.40
2006年至2012年	0.66	9.90
2007年至2013年	0.80	12.00
2008年至2014年	0.90	13.50

续表

时间	7年平均每股收益	15倍长期平均市盈率价格
2009年至2015年	1.09	16.35
2010年至2016年	1.29	19.35
2011年至2017年	1.56	23.40
2012年至2018年	1.87	28.05

2005年4月收盘价5.90元，买入100股。

2005年5月收盘价4.67元，买入100股，共持有200股。

2005年6月10股转5股派1.50元，收到股息30元，收盘价3.14元，买入100股，共持有400股，股息30元。

2005年7月收盘价3.84元，买入100股，共持有500股，股息30元。

2005年8月收盘价3.66元，买入100股，共持有600股，股息30元。

2005年9月收盘价3.59元，买入100股，共持有700股，股息30元。

2005年10月收盘价3.84元，买入100股，共持有800股，股息30元。

2005年11月收盘价3.95元，买入100股，共持有900股，股息30元。

2005年12月收盘价4.31元，买入100股，共持有1 000股，股息30元。

2006年4月收盘价6.24元，买入100股，共持有1 100股，股息30元。

2006年5月收盘价5.97元，买入100股，共持有1 200股，股息30元。

2006年6月收盘价5.65元，买入100股，共持有1 300股，股息30元。

2006年7月10股派1.50元，收到股息195元，收盘价5.54元，买入100股，共持有1 400股，股息225元。

2006年8月收盘价6.90元，买入100股，共持有1 500股，股息225元。

2007年5月10股转5股派1.50元，收到股息225元，共持有2 250股，股息450元。

2008年6月10股转6股派1元，收到股息225元，共持有3 600股，股息675元。

2009年5月10股派0.50元，收到股息180元，共持有3 600股，股息855元。

2010年10月10股派0.70元，收到股息252元，共持有3 600股，股息1 107元。

2011年9月收盘价7.24元，买入100股，共持有3 700股，股息1 107元。

2011年11月收盘价7.06元，买入100股，共持有3 800股，股息1 107元。

2012年7月10股派1.30元，收到股息494元，共持有3 800股，股息1 601元。

2012年8月收盘价8.02元，买入100股，共持有3 900股，股息1 601元。

2013年5月10股派1.80元，收到股息702元，共持有3 900股，股息2 303元。

2013年7月收盘价9.52元，买入100股，共持有4 000股，股息2 303元。

2013年8月收盘价9.46元，买入100股，共持有4 100股，股息2 303元。

2013年9月收盘价9.13元，买入100股，共持有4 200股，股息2 303元。

2013年10月收盘价9.21元，买入100股，共持有4 300股，股息2 303元。

2013年11月收盘价8.76元，买入100股，共持有4 400股，股息2 303元。

2013年12月收盘价8.03元，买入100股，共持有4 500股，股息2 303元。

2014月1月收盘价7.38元，买入100股，共持有4 600股，股息2 303元。

2014年2月收盘价6.72元，买入100股，共持有4 700股，股息2 303元。

2014年3月收盘价8.09元，买入100股，共持有4 800股，股息2 303元。

2014年4月收盘价7.90元，买入100股，共持有4 900股，股息2 303元。

2014年5月10股派4.10元，收到股息2 009元，收盘价8.55元，买入100股，共持有5 000股，股息4 312元。

2014年6月收盘价8.27元，买入100股，共持有5 100股，股息4 312元。

2014年7月收盘价9.90元，买入100股，共持有5 200股，股息4 312元。

2014年8月收盘价9.12元，买入100股，共持有5 300股，股息4 312元。

2014年9月收盘价9.18元，买入100股，共持有5 400股，股息4 312元。

2014年10月收盘价9.40元，买入100股，共持有5 500股，股息4 312元。

2014年11月收盘价10.90元，买入100股，共持有5 600股，股息4 312元。

2015年5月10股派5元，收到股息2 800元，共持有5 600股，股息7 112元。

2015年9月收盘价12.73元，买入100股，共持有5 700股，股息7 112元。

2016年7月10股派7.20元，收到股息4 104元，共持有5 700股，股息11 216元。

2017年8月10股派7.90元，收到股息4 503元，共持有5 700股，股息15 719元。

2018年8月10股派9元，收到股息5 130元，共持有5 700股，股息20 849元。

2019年5月收盘价26.70元，买入100股，共持有5 800股，股息20 849元。

2019年6月收盘价27.81元，买入100股，共持有5 900股，股息20 849元。

2019年8月收盘价25.80元，买入100股，10股派10.451元，收到股息6 616元，共持有 6 000 股，股息 27 015 元。

2019 年 9 月收盘价 25.90 元，买入 100 股，共持有 6 100 股，股息 27 015 元。

2019 年 10 月收盘价 26.53 元，买入 100 股，共持有 6 200 股，股息 27 015 元。

2019 年 11 月收盘价 27.70 元，买入 100 股，共持有 6 300 股，股息 27 015 元。

共买入 41 次，总成本 41 221 元，减去收到的股息 27 015 元，平均每股成本 2.25 元。2019 年 12 月 19 日收盘 31.03 元，共获利 181 314 元。

2.1.6 大巧不工、重剑无锋

如果严格按照 10 倍平均市盈率的价格买入股票，很多股票都很难买到，所以不得不做一些变通。

根据数据，当月大盘平均市盈率位于 15 倍以下时，几乎都处于筑底时期。因此我们根据这种情况，当个股价格低于 15 倍长期平均市盈率价格时，每月月底收盘时可以买入。

这种股价低于 15 倍长期平均市盈率价格便买入的方法，会一直贯穿本书。在每一个财务指标的解析后面，会将一只财务指标符合我们筛选条件的股票，和一只不符合条件的股票，进行对比。

那么价值投资的量化方法，只有这一种吗？当然不是。量化方法有很多，但为什么只在书中使用这一种方法来做投资对比呢？因为这是一种比较简单的方法，即便没系统学过会计学、价值投资的读者也可以即学即用。

2.2 低于每股净流动资产买入法

如果企业倒闭清算，流动资产如应收账款和应收票据，可以按 80% 的比例折算，存货按 60% 的比例折算，而固定资产只能按 20% 的比例折算。由此可以看出，企业最值钱的财产是流动资产，最不值钱的财产是固定资产。

所以，一家企业的流动资产的账面价值，几乎相当于企业的账面价值。那么流动资产再减去短期应当偿付的流动负债，便是净流动资产。这相当于企业的每股账面净资产，也是企业真正的清算价值。

如果企业经营上没出现任何问题，但是股价却低于每股净流动资产，这就是优质资产打折销售,是绝好的买入机会。

应该怎样判断企业经营有没有出现问题?首先要看企业的收益有没有呈现断崖式下跌。在收益正常的情况下,再看企业的营业利润率、销售净利率、毛利率,这些是反映企业经营盈利与否的根本指标。如果这些指标也没有变化,说明企业在盈利方法上没有改变定位,没有改变路线,没有式微的表现。如果这些指标都没问题,再看现金持有率,也就是现金占总资产的百分比水平,在经济大背景出现问题时现金是企业最好的保障。如果现金的持有量也没问题,那么只能得出一个结论,即股价的下跌,与企业经营状况关系不大,这个价格出现了,此时不买更待何时?

2.3 大规模下跌时的买入法

有些优质企业根本不给我们买入的机会,如贵州茅台、云南白药等优质企业,它们的股价常年处于当期20倍市盈率价格以上,并且从未出现过股价低于每股净流动资产的情况,所以如果只用上述两种方法,就无法买入更好的优质企业的股票。

但如果在市场上股价大规模下跌时,优质资产也难独善其身,此时正是投资者买入的好时机。

企业一年共发布4份财报,分别是当年4月发布的上一年年报和当年一季报,8月发布的中报和10月发布的三季报。仔细分析这4份财报是我们要做的准备工作。

2015年8月贵州茅台的股价下跌至166.20元,这是多年不见的价格低点,此时是不是一个买入的好时机呢?不要着急,先看一下数据,如表2.2所示。

表2.2 贵州茅台2015年营业利润率、销售净利率、毛利率数据

时间	营业利润率(%)	销售净利率(%)	毛利率(%)
2015年一季报	72.61	54.17	93.21
2015年中报	70.68	53.01	92.61

续表

时间	营业利润率（%）	销售净利率（%）	毛利率（%）
2015年三季报	70.39	52.39	92.45
2015年年报	67.85	50.38	92.23

表2.2所示为贵州茅台2015年营业利润率、销售净利率、毛利率数据。2015年8月，恰好贵州茅台发布中报，从中报的数据可以看出这3项指标并没有发生有意义的变化，也就是说它的盈利能力根本没有改变，股价下跌是市场的问题。并且2015年一整年的现金持有率也未发生大的变化。有了这双重的保证，那么我们基本上可以放心买入了。

如果2015年8月底以195元买进贵州茅台，至2019年12月贵州茅台的最高价已高于1 241元，还不包括额外的股权股息和现金股息收益。

如果对中报不放心，可以等到10月份出三季报时，再来重新确定一下，如果三季报数据也没有大的变化，在这三重保证下，可以在2015年10月买入或者加仓。2015年10月该股收盘价213.86元，至2019年12月的1 241元，也有相当大的收益。

2.4　格雷厄姆的买入法

在格雷厄姆的《聪明的投资者》和《证券分析》中，他并没有系统地单独用一章来讲解如何买入股票。但是在各章中，字里行间，总是能给出一些操作建议。

2.4.1　美元成本平均法与跷跷板法

在《聪明的投资者》一书中，格雷厄姆引用了一组统计数据，数据显示，在30年间，如果每个月都定时定额买入某只股票，最终的复合收益率之高，是当时任何一种量化方法都无法匹敌的。为了回测的科学性，他将数据分成若干组，按照买入时间的不同，分批、分段地回测，其结果还是这种方法的回报率最高。这也是笔者现在使用的方法——定投。

格雷厄姆只是介绍了这种方法，并没有进行深入解释，如果想要使用这种方法，最好再结合债券进行操作。他在书中详细讲到了股票和资金配比的问题，笔者称这种方法为跷跷板法。

最简单的资金配比方法是，将资金一分为二，股票资金占50%、债券占资金50%。通常情况下股票和债券呈负相关关系：股票上涨、债券下跌；股票下跌、债券上涨。因此股票赚钱，债券通常亏损。当股票的市值达到总资金的55%时，债券资金占比45%，则卖出5%的股票，用这笔钱买入债券。如果股票继续上涨，股票与债券的资金配比再次达到55∶45时，再次卖出5%的股票，同时买入债券，如此循环往复。相反，如果股票下跌，债券上涨。股票与债券的资金配比达到45∶55时，卖出债券，并买入股票。

这种做法的好处是，不用理会股票价格是见底了还是见顶了，因为股票在上涨的过程中，逐渐减仓，也就是一路上涨一路减仓，当股票价格见顶时，手中的股票其实没有多少了。而在股票一路上涨的同时，债券下跌，可以在债券价格一路下跌的时候一路买入。这样，在股票价格不断上涨的过程中，减仓止盈，在债券价格不断下跌的过程中，摊薄成本，处于买低卖高的过程中。

股票价格见顶还是见底，其实影响不大，跷跷板式的仓位变化，已经抹平了这些不确定的因素。

如果可以对股票市场付出更多的精力，那么在资金配比的问题上，还可以精进一点儿，让股票与债券的资金配比在75∶25至25∶75间波动。那么什么时候股票资金占75%，什么时候股票资金占25%呢？

引入大盘月平均市盈率数据，当大盘月平均市盈率为10～15倍时，见底的概率极高。因此，在大盘月平均市盈率达到10～15倍时，使股票资金占75%，大盘月平均市盈率达到25倍左右时，股票资金占50%，大盘月平均市盈率达到30倍以上时，逐渐缩小持股比例。这样可以更有效率地运用资金。

2.4.2 防御型买入法

格雷厄姆定义的防御型投资者，是那种诉求不高，也不想付出更多精力的投资者。那么这样的投资者可以买入一些有代表性的、规模大的、财务稳健的公司的股票。

格雷厄姆建议，不要将所有的鸡蛋只放在一个篮子里，最好同时持有10只以上的股票，但也不能太分散，最多不要持有超过 30 只股票。并且要选择那些大型的、知名的、财务稳健的公司。就我国股市来说，最好选择沪深 300 指数的成分股，并且选择的公司的资产负债率最好不要超过 50%。以不超过 25 倍长期平均市盈率的价格买入，如 7 年平均每股收益为 1 元，那么买入价格最好不要超过 25 元。如果不想看长期数据，而是以当期市盈率为参考，最好以不超过 20 倍当期市盈率的价格买入。该企业在过去 10 年中，最好不要出现亏损，并且当期利润的增长率要达到过去 10 年的 1/3，或者用近 3 年净利润平均值与近 10 年最初的 3 年净利润平均值相比，比值能达到 1.30 以上为好。

因为防御型投资者一般不要求更高的收益率，所以他们可以将条件放得较为宽松。即使股票价格下跌了，达到了 15 倍长期平均市盈率的价格，甚至是 10 倍也无所谓。因为还有债券与之配合，定期定额地投入，只会在不断积累中，摊薄成本。

如果为格雷厄姆的书写读书笔记，可归纳为 4 个字——物有所值。也就是某公司股票的长期平均市盈率为 25 倍且经营稳定的情况下，20 倍当期市盈率便是物的"值"，在这个前提下买入，并且长期持有，早晚会拿到时间的玫瑰。如果时间很长也没关系，因为防御型投资者并不急于获利。

2.4.3 积极型买入法

与防御型投资者的买入方法不同，积极型投资者需要进行更多的计算，不过以当今计算机的普及率与网络覆盖率，这些计算只需要几分钟时间。

先找出当期市盈率为 9 倍以下的股票，其流动比率高于 1.50 即可，防御型投资法要求流动比率大于 2。近 5 年净利润没有出现过负值，这个条件相比防御型投资法的 10 年无赤字，放宽了一倍。当期净利润高于 5 年前即可。市净率不得超过 1.20 倍，也就是每股股价除以每股净资产的值不得超过 1.20。

这些条件称得上非常严苛了，需要每天花时间进行计算。当然越是以严苛的条件筛选出来的股票，安全度越高。

2.4.4 量化买入法

格雷厄姆建议，对于知名的、大型的、财务稳健的企业，可以每年买入他们中市盈率最低的股票。一年换一次仓，或者一季度换一次仓。可以直接在沪深 300 指数的成分股中进行选择。

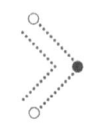

也可以将投资股票当成买债券，谁给的利息高就买谁。那么利息在股市中对应的就是股票的股息，也就是前一年谁给的股息高，这一年就买谁。

量化方法有很多种，称为多因子策略，可以用净资产收益率指标，也可以用每股息税前利润等指标。

在进行量化交易时，最好同时买入排名最前的30只，甚至50只股票。如果数量过少，会影响效果。

如果我们放开思路，也可以买入那些最省钱的企业股票，如用管理费用与营业利润相比，比值越小的企业越省钱。

买入股票的策略非常多，找到一个分界线来筛选股票，并且长期执行下去，便可见利。策略不难，难点在于执行。当股价下跌时，是否能沉得住气；当策略制定后，能否坚定地执行。这些都是比策略更重要的因素。

因为，当有了一套策略后，执行策略，比策略本身更加重要。

第3章

一切的来源：营业收入

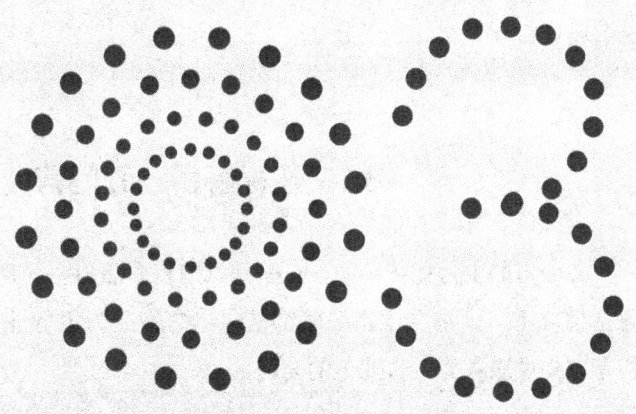

在杜邦公式中，有两处涉及营业收入，第一处是销售净利率中的分母，第二处是总资产周转率中的分子。

营业收入作为销售净利率的分母，虽然在分子不变的情况下，分母越大，销售净利率数值越小，但是毕竟净利润来自营业收入。所以在正常情况下，必须保证营业收入足够多，净利润才有可能足够高。

营业收入作为总资产周转率的分子，在总资产不变的情况下，营业收入数额越大，总资产周转率越高，说明企业营运的能力越强。所以，营业收入是财务分析中必须考量的一部分。

3.1 指标解析：开门营业

各公司的主营业务不同，有些是以销售商品为主，有些是以提供服务为主。通常情况下，大部分上市公司都是以销售商品为主营业务的，但也有像券商一样是以提供服务为主营业务的公司。

3.1.1 指标概念

营业收入是指企业在从事销售商品、提供劳务和让渡资产使用权等日常经营业务过程中所形成的经济利益的总流入。

就像做生意，生产后卖出产品，收到的货款就是营业收入；或者为别人提供劳务、提供咨询，收到的报酬就是营业收入；或者出售旧物获得的货款，也是营业收入。

对于企业来说，贵州茅台出售酒品的收入，就是营业收入；律师事务所提供咨询的收入，就是营业收入；出售股权的收入，也是营业收入。

3.1.2 指标公式

按照多年以前的分法，营业收入分为主营业务收入与其他业务收入，但现在已经合并统一为营业收入了。例如，梅花生物科技集团股份有限公司（以下简称"梅花生物"）的生物发酵业务的收入占营业收入的93.37%，那么生物发酵业务的收入是梅花生物的主营业务收入；另外医药健康业务的收入占营业收入的6.63%，为其他业务收入。但在报表中，两者合而为一。

计算营业收入的公式：营业收入＝主营业务收入＋其他业务收入。

3.1.3 意义与作用

贵州茅台（600519）的主营业务：贵州茅台酒系列产品的产品研制、酿造生产、包装和销售。中信证券股份有限公司（以下简称"中信证券"，600030）的主营业务：提供证券经纪、证券承销与保荐、资产管理及相关金融服务。

当然也有像吉林敖东药业集团股份有限公司（以下简称"吉林敖东"，000623）这样多种主营业务并存的公司，其主营业务：制药业为主导产业，集养殖、种植、房地产开发、商业、机械修理、仓储、饮食服务业、运输等多业经营。不过吉林敖东的主营业务介绍存在歧义，因为它的净利润中有很大一部分并不是从制药业来的，后面在介绍投资收益时会讲到。

只要企业开门营业，就会带来营业收入。无论成本是多少，费用是多少，只要有钱进账，就算是营业收入。例如，在路边卖矿泉水，2元一瓶，一天卖100瓶，共得到200元，这200元就是今天的营业收入。不需要考虑矿泉水的成本是多少钱，不需要考虑一天的费用是多少，收到多少钱，营业收入就是多少。

当然还有一种情况，会涉及会计的权责发生制与收付实现制，二者的区别在后面讲到现金流时，会详细阐述。以权责发生制为例，如果有人赊购一瓶矿泉水，说好明天给2元，那么虽然没收到这2元，但交易已经发生了，这2元同样要计算到营业收入中。

可以说企业维持日常经营的所有资金，基本都来自营业收入，因为大多数企业除了出售服务或商品，基本上没有其他的现金来源。就像我们所有的日常生活成本,基本都从工资中支出一样。

企业的正常经营,不仅需要补充原材料、支付员工薪资,还要更新设备等,这些资金都要从营业收入中支出。去除各种成本、费用、税费后,才是净利润。只有营业收入有了保障,净利润才有保障。

因此企业的任何一项指标都很重要,但重中之重,还是营业收入指标。

3.2 需要注意的问题:收入背后的成本

收入不是凭空而来的,出售商品的企业需要购买原材料,出售服务的企业需要支付员工薪酬,而这些统称为营业成本。

首先要确定一点,营业成本是指参与生产的成本。例如,要生产一台计算机,计算机的元器件、组装费用、车间损耗、工人薪资等,这些支出都直接发生在生产过程中,这些都是营业成本。而销售人员的薪资、管理人员的薪资、退休工人的薪资等,这些支出都未直接发生在生产过程中,所以这些支出不能算作营业成本。

因此,当看到营业收入持续提高时,还要看成本同时提高了多少。如果营业收入提高了10%,而营业成本提高了11%,那么营业收入的提高就失去了意义。

表3.1所示为A公司的营业成本与营业收入数据,从表中的数据可以看出,虽然A公司营业收入不断增加,但其营业成本也在等额增加,因此无论营业收入如何增加,它们之间的差额一直为8 000元。在看似美好光鲜的营业收入的背后,却是等额增长的成本。

表3.1 A公司营业成本与营业收入数据

单位:元

时间	A公司营业成本	A公司营业收入
2014年	2 000	10 000
2015年	4 000	12 000
2016年	6 000	14 000
2017年	8 000	16 000

续表

时间	A 公司营业成本	A 公司营业收入
2018 年	10 000	18 000
2019 年	12 000	20 000

表 3.2 所示为 B 公司营业成本与营业收入的数据，从表中的数据可以看出，B 公司成本不断增加，而营业收入却不断降低。例如，生产防盗门的小公司，随着铝价的上涨，房地产价格的管控，成本不断上升，收入不断下降。这种公司很容易受经济大背景或某一行业的影响，抗风险能力较差。

表 3.2 B 公司营业成本与营业收入数据

单位：元

时间	B 公司营业成本	B 公司营业收入
2014 年	2 000	10 000
2015 年	4 000	9 000
2016 年	6 000	8 000
2017 年	8 000	7 000
2018 年	10 000	6 000
2019 年	12 000	5 000

表 3.3 所示为 C 公司营业成本与营业收入的数据，从表中的数据可以看出，虽然 C 公司营业成本不断增加，但营业收入增加得更快。这种情况常见于企业渡过初创的危险期，进入了规模生产阶段，其固定成本的摊销越来越少。

表 3.3 C 公司营业成本与营业收入数据

单位：元

时间	C 公司营业成本	C 公司营业收入
2014 年	2 000	10 000
2015 年	4 000	15 000
2016 年	6 000	20 000

续表

时间	C公司营业成本	C公司营业收入
2017年	8 000	25 000
2018年	10 000	30 000
2019年	12 000	35 000

营业成本与营业收入的曲线，共有9种表现方式，或上升、或持平、或下降，就不再一一列举了。最重要的一点是，营业收入对于财务分析来说，是一项非常重要的指标，但不能只看营业收入，还要关注营业成本。

3.3 寻找优质资产：格力电器与毅昌股份

格力电器（000651）与广州毅昌科技股份有限公司（以下简称"毅昌股份"，002420）都是以生产、销售白色家电为主的企业，一个主营空调，另一个主营电视，两种家用电器居家必备，受众基本相似。

格力电器的主营业务：生产销售空调器、自营空调器出口业务及其相关零配件的进出口业务。据2019年12月19日统计，在上市公司家用电器板块中，把这些企业该日后复权收盘价与上市首日收盘价的差值进行对比，格力电器排名第1位（数据来源于问财）。

毅昌股份的主营业务：设计、生产和销售电视机结构件、白色家电结构件及汽车结构件等。据2019年12月19日统计，在上市公司家用电器板块中，把这些企业该日后复权收盘价与上市首日收盘价的差值进行对比，毅昌股份排名第58位，为最后一名（数据来源于问财）。

3.3.1 数据对比：营业收入与营业成本

格力电器开盘首日价格为17.50元，2019年12月19日后复权收盘价为9 618.7元；毅昌股份开盘首日价格为13.80元，2019年12月19日后复权收盘价为4.29元。为何同为家用电器企业，差距会这么大呢？同一板块的企业经营模式基本相同，只是看谁能力更强，所以用同一数据进行对比，更有意义。

表3.4 所示为格力电器与毅昌股份近6年营业成本与营业收入数据，虽然两个企业的体量不一样，但从数据中可以看出，毅昌股份的营业成本紧紧贴着营业收入在增长，而格力电器的营业收入与营业成本的差距有变大的趋势。图3.1与图3.2 所示分别为两者数据的折线图。

表3.4　格力电器与毅昌股份的营业成本与营业收入

单位：亿元

时间	格力电器		毅昌股份	
	营业成本	营业收入	营业成本	营业收入
2013 年	803.86	1 186.28	24.83	27.35
2014 年	880.22	1 377.50	28.50	32.43
2015 年	660.17	977.45	32.97	37.16
2016 年	728.86	1 083.03	53.05	57.54
2017 年	995.63	1 500.20	53.60	56.98
2018 年	1 382.34	2 000.24	46.53	48.99

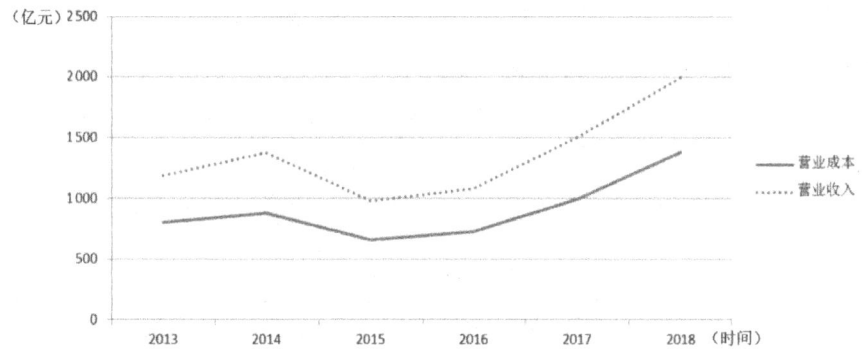

图 3.1　格力电器的营业成本与营业收入

通过图3.1和图3.2观察更加直观，格力电器两线的开口有变大的趋势。毅昌股份的两条线几乎是贴在一起的。根据3.2节的例子，格力电器类似于C公司，毅昌股份类似于A公司。

这就是同一板块两家企业的区别，当然并不是说格力电器成功，是因为成本控制做得好。企业的成功是多种条件的综合结果，并非一项指标这么简单。

但对比同一板块两家企业的同一指标,也能找出好企业的优点,这就为我们筛选股票提供了一个条件,即成本控制。

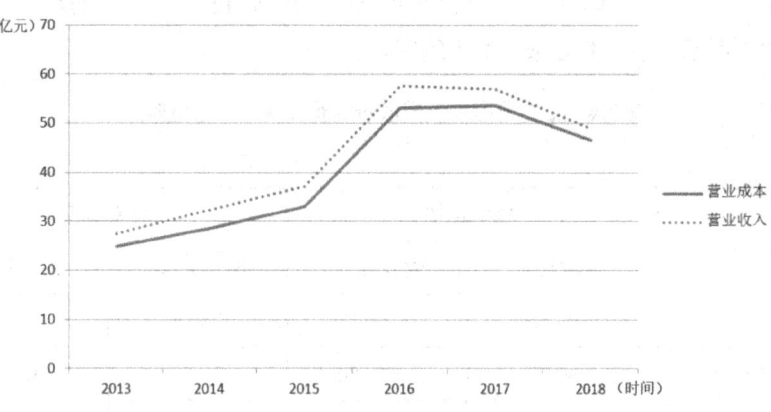

图 3.2 毅昌股份的营业成本与营业收入

3.3.2 杜邦分析:营运变慢时要提高单品盈利

同类型企业的经营模式基本是相同的,不能拿奢侈品行业的高盈利能力与零售行业相比,也不能拿零售行业的高营运能力与奢侈品行业相比。所以格力电器与毅昌股份的对比绝不是无意义的。

表 3.5 所示为格力电器 2013 年至 2018 年的杜邦分析数据,表 3.6 所示为毅昌股份 2013 年至 2018 年的杜邦分析数据。从两组数据的对比来看,格力电器的净资产收益率要比毅昌股份高得多。图 3.3 所示为格力电器后复权月线图。

表 3.5 格力电器的杜邦分析数据

时间	销售净利率(%)	总资产周转率(%)	权益乘数	净资产收益率(%)
2013 年	9.06	89.77	3.78	30.74
2014 年	10.11	89.61	3.46	31.35
2015 年	12.91	61.00	3.33	26.22
2016 年	14.33	63.00	3.32	29.97
2017 年	14.93	69.78	3.22	33.55
2018 年	13.10	79.62	2.71	28.27

表3.6 毅昌股份的杜邦分析数据

时间	销售净利率(%)	总资产周转率(%)	权益乘数	净资产收益率(%)
2013年	-2.02	81.94	2.11	-3.49
2014年	1.31	88.66	2.25	2.61
2015年	1.27	91.66	2.44	2.84
2016年	0.33	138.68	2.47	1.13
2017年	-8.41	138.10	3.45	-40.07
2018年	-16.62	179.38	7.21	-214.95

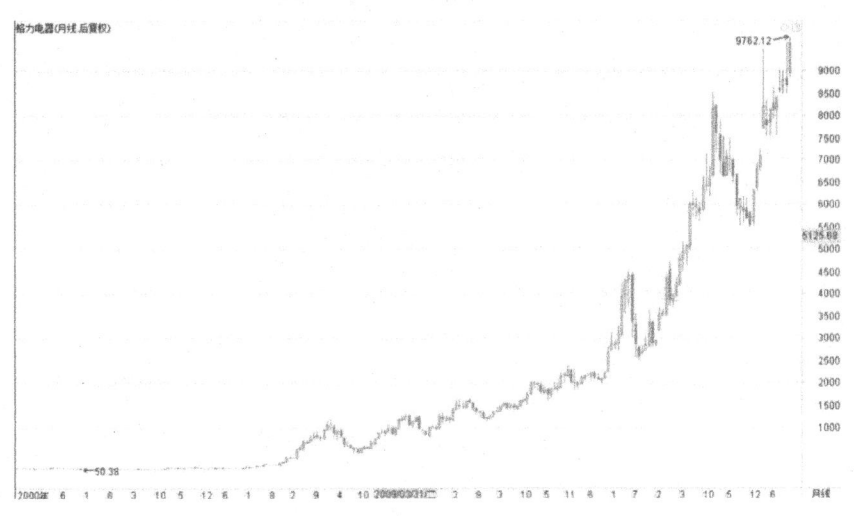

图3.3 格力电器后复权月线图

格力电器的权益乘数在2016年及以前要高于毅昌股份,这表明2016年及以前格力电器的偿债压力大于毅昌股份,但格力电器只要持续盈利,就能发挥高负债的杠杆效应。所以权益乘数为格力电器的净资产收益率做出了贡献。

格力电器的总资产周转率走低又小幅走高,窄幅震荡,相反的毅昌股份却是越来越高。两家企业都在转型,格力电器从以薄利多销为主,转为提高净利率,两者互相抵销;毅昌股份的总资产周转率本来就很高,并且继续走高。但按照一高一低的逻辑,总资产周转率走高的情况下,销售净利率也必然走低。但毅昌股份销售净利率在总资产周转率未走向更高前,已经非常低了,在总资产周转率升高的影响下,销售净利率已经无法再低了。图3.4所示为毅昌股份后复权月线图。

在通常情况下销售净利率与总资产周转率成反比,即要么追求单品高利润,要么追求薄利多销,两者只能择其一。格力电器的销售净利率与总资产周转率正形成了反比,在权益乘数基本未变的情况下,保持了净资产收益率的高位增速。

而毅昌股份总资产周转率不断地提高,按逻辑来讲,销售净利率应该越来越低,但该指标已是很低了,无法再低(亏损),所以它的净资产收益率整体呈现下跌趋势。

图 3.4 毅昌股份后复权月线图

3.3.3 极简市盈率买入法:格力电器

格力电器 2000 年至 2018 年的 7 年平均每股收益数据与 15 倍长期平均市盈率价格数据,如表 3.7 所示。

表 3.7 格力电器 7 年平均每股收益与 15 倍长期平均市盈率价格数据

单位:元

时间	7 年平均每股收益	15 倍长期平均市盈率价格
2000 年至 2006 年	0.72	10.80
2001 年至 2007 年	0.84	12.60
2002 年至 2008 年	1.00	15.00

续表

时间	7年平均每股收益	15倍长期平均市盈率价格
2003年至2009年	1.15	17.25
2004年至2010年	1.27	19.05
2005年至2011年	1.43	21.45
2006年至2012年	1.65	24.75
2007年至2013年	2.04	30.60
2008年至2014年	2.49	37.35
2009年至2015年	2.54	38.10
2010年至2016年	2.69	40.35
2011年至2017年	3.00	45.00
2012年至2018年	3.66	54.90

2011年11月收盘价17.40元，买入100股。

2011年12月收盘价17.29元，买入100股，共200股。

2012年1月收盘价18.20元，买入100股，共300股。

2012年6月收盘价20.85元，买入100股，共400股。

2012年7月每10股派息5元，共得股息200元。

2012年8月收盘价20.47元，买入100股，共500股，股息200元。

2013年7月每10股派息10元，共得股息500元。持有500股，股息700元。

2014年6月每10股派息15元，共得股息750元。持有500股，股息1 450元。

2014年8月收盘价28.44元，买入100股，持有600股，股息1 450元。

2014年9月收盘价27.73元，买入100股，持有700股，股息1 450元。

2014年10月收盘价28.40元，买入100股，持有800股，股息1 450元。

2015年7月，每10股转10股派30元，共得股息2 400元，共持有1 600股，股息3 850元。

2015年9月，收盘价16.18元，复权价35.36元，买入100股，共持有1 700股，股息3 850元。

2016年9月，每10股派15元，共得股息2 550元，收盘价22.22元，买入

100股,共持有1 800股,股息6 400元。

2016年10月,收盘价22.40元,买入100股,共持有1 900股,股息6 400元。

2016年11月,收盘价28.47元,买入100股,共持有2 000股,股息6 400元。

2016年12月,收盘价24.62元,买入100股,共持有2 100股,股息6 400元。

2017年1月,收盘价25.78元,买入100股,共持有2 200股,股息6 400元。

2017年2月,收盘价27.44元,买入100股,共持有2 300股,股息6 400元。

2017年3月,收盘价31.70元,买入100股,共持有2 400股,股息6 400元。

2017年4月,收盘价33元,买入100股,共持有2 500股,股息6 400元。

2017年5月,收盘价34.08元,买入100股,共持有2 600股,股息6 400元。

2017年7月,收盘价39.24元,买入100股,10股派18元,收到股息4 680元,共持有2 700股,股息11 080元。

2017年8月,收盘价38.65元,买入100股,共持有2 800股,股息11 080元。

2017年9月,收盘价37.90元,买入100股,共持有2 900股,股息11 080元。

2018年4月,收盘价44.08元,买入100股,共持有3 000股,股息11 080元。

2018年7月,收盘价44.17元,买入100股,共持有3 100股,股息11 080元。

2018年8月,收盘价38.95元,买入100股,共持有3 200股,股息11 080元。

2018年9月,收盘价40.20元,买入100股,共持有3 300股,股息11 080元。

2018年10月,收盘价38.06元,买入100股,共持有3 400股,股息11 080元。

2018年11月,收盘价36.85元,买入100股,共持有3 500股,股息11 080元。

2018年12月,收盘价35.69元,买入100股,共持有3 600股,股息11 080元。

2019年1月,收盘价41.75元,买入100股,共持有3 700股,股息11 080元。

2019年2月,收盘价44.80元,买入100股,共持有3 800股,股息11 080元。

2019年3月,收盘价47.21元,买入100股,共持有3 900股,股息11 080元。

2019年8月,10股派15元,收到股息5 850元,共持有3 900股,股息16 930元。

共买入31次,总成本97 222元,收回股息16 930元,共3 900股,平均每股成本20.59元。按2019年12月19日收盘价65元计算,共得利润173 199元。历时8年多,平均年收益率26.96%。

3.4 引申指标：营业收入增长率

衡量营业收入的增长，不得不提到营业收入增长率。因为如果仅将今年的营业收入与去年进行比较，并不直观。营业收入增长率要比营业收入差值更精确，更容易衡量，更加直观。

营业收入增长率是企业当年营业收入增长额与去年营业收入总额的比率，反映的是企业营业收入的增减变动情况。

营业收入增长率 = 当年营业收入增长额 ÷ 去年营业收入总额

当然营业收入增长率的含义，与本章所述并无二致，只是更规范化而已。考查营业收入增长率的同时，也不能忘记考查营业成本增长率。表3.8所示为格力电器2013年至2018年营业收入增长率与营业成本增长率。

表3.8 格力电器营业收入增长率与营业成本增长率

时间	营业收入（亿元）	营业收入增长率（%）	营业成本（亿元）	营业成本增长率（%）
2013年	1 186.28	19.91	803.86	9.81
2014年	1 377.50	16.12	880.22	9.50
2015年	977.45	−29.04	600.17	−31.82
2016年	1 083.03	10.80	728.86	21.44
2017年	1 500.20	38.52	995.63	36.60
2018年	2 000.24	33.33	1 382.34	38.84

即便是优质企业，营业收入增长率也不是越来越高，就像车的速度，总会达到一个峰值，然后保持这个速度，加速度趋近于零，但总体速度已达到峰值。因此加速度开始时会越来越大，但达到一定程度后，会越来越小，保持在同一水平上下震荡。可速度一旦突破"天花板"，就会达到另一个高度，会再度提速，进行下一个轮回。

格力电器的营业收入增长率在2015年至2017年的3年间，保持高速增长，2005年白色家电行业完成集中化，其后的几年中，营业收入一路上涨，并且增

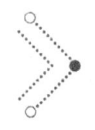

长速度超出了营业成本的增长速度。可见格力电器销售能力很强,成本控制能力很强。2013年至2015年增速震荡,2016年开始营业收入增长再度提速,突破原营业收入,进入一个新的高度。

表3.9所示为毅昌股份2011年至2016年营业收入增长率与营业成本增长率。通过毅昌股份的增长率情况可以看出,除了2012年,在其他年份都是营业成本的增长率高于营业收入的增长率。这种情况下,即便营业收入增长再多,也难以体现出来。

表3.9　毅昌股份营业收入增长率与营业成本增长率

时间	营业收入(亿元)	营业收入增长率(%)	营业成本(亿元)	营业成本增长率(%)
2011年	27.35	22.42	24.83	28.32
2012年	32.43	18.57	28.50	14.78
2013年	37.16	14.59	32.97	15.68
2014年	57.54	54.84	53.05	60.90
2015年	56.98	-0.97	53.60	1.04
2016年	48.99	-14.02	46.53	-13.19

第 4 章

营业成本之外的成本：三大费用

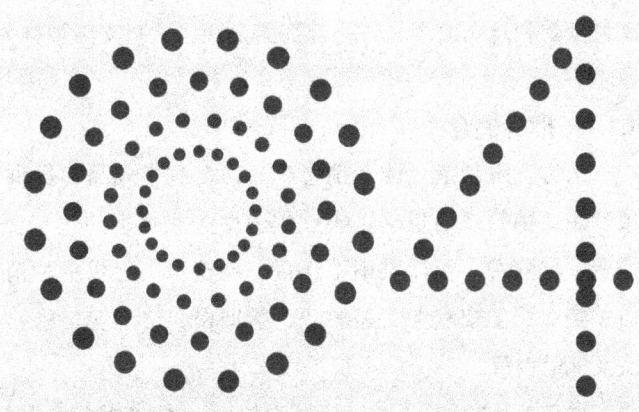

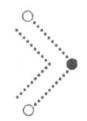

吞噬营业收入的最大项目,除了营业成本,就是三大费用,它们分别是销售费用、管理费用、财务费用。

4.1 指标解析:并不只是生产才需要钱

并不是企业将产品生产出来就可以获取利润,在日常经营中,行政管理、支付贷款利息、给产品打广告都需要钱。这些支出被称为三大费用。

4.1.1 指标概念

销售费用是指企业在销售产品、自制半成品和提供劳务等过程中发生的各项费用。销售费用包括销售过程中由企业负担的包装费、运输费、广告费、装卸费、保险费、委托供销手续费、展览费,租赁费和销售服务费,销售部门人员工资、职工福利费、差旅费、折旧费、修理费、物料消耗、低值易耗品摊销及其他经费等。

现在不是"酒香不怕巷子深"的年代,信息媒介非常多,即便酒香,如果不说,也没人会知道。所以酒越是香,越要进行宣传来推广品牌。

管理费用是指企业行政管理部门为组织和管理生产经营活动,而发生的各项费用。例如,给管理层发的薪资、打印文件的花费、董事会的会费、退休职工的退休金、医药费、职工丧葬补助费、抚恤费等。为维持企业日常经营所花的钱,都属于管理费用。

财务费用指企业在生产经营过程中为筹集资金而发生的费用，包括企业生产经营期间发生的利息支出、汇兑损失、金融机构手续费、企业给出的现金折扣或收到的现金折扣等费用。但是各种手续费并不多，财务费用中占比最大的是利息支出。

4.1.2 指标公式

可以直接在报表中读取三大费用，在以费用为最低级别科目的报表中，不需要自己计算三大费用。但如果需要了解比费用科目更低级别的会计科目，就需要将更细的分支列出来，进行加总。

销售费用＝品牌宣传推广费＋其他

管理费用＝人工与行政费用＋其他

财务费用＝利息净支出＋汇兑净损失＋金融机构手续费＋其他

4.1.3 意义与作用

好钢要用在刀刃上，销售费用像一个黑洞，不断吞噬着营业收入。如果不打广告，商品的推销力度不够，会影响销量；但若加大广告投入，而收效甚微，这钱基本上就白花了。因此在销售上花钱，风险是极大的，需要高超的营销手段。

报喜鸟控股股份有限公司（以下简称"报喜鸟"）2018年度销售费用达11.59亿元，占营业收入的37.27%；格力电器2018年度销售费用189亿元，占营业收入的9.45%。

在查看企业的营业收入时，还要查看销售费用。当销售费用逐年增加，而营业收入的增速无法达到更快，或无法达到同步增长时，说明企业在销售方面可能出现了问题。企业需要找出是产品自身的问题，是销售方面的问题，还是市场环境发生了变化。多投入一元钱的销售费用，就能多得到一元钱或更多的回报时，销售费用的投入才是有意义的。当然在企业初创时，销售费用是为以后的发展打基础的，因此看待销售费用的问题时，也要区分企业所处的阶段。

在所有的费用中，沃伦·巴菲特最深恶痛绝的是管理费用，他曾说："在有些公司，管理费用占营业利润的10%甚至更多。这相当于对公司业务多抽了1/10的税，不但损害公司盈利，而且毁损企业价值。一家管理费用占营业利润10%的公司，和一家管理费用占营业利润1%的公司相比，即使赚取的营业利润相同，但仅因为管理费用开支过大，就会导致投资者遭受9%以上的营业利润损失。我和芒格通过这么多年的观察发现，公司管理费用与公司高业绩之间没有任何相关性。事实上，我们认为，组织机构越简单、管理费用越低的公司，越比那些拥有庞大组织的公司运营效率高得多。我们非常敬佩沃尔玛、钮可钢铁、都福、GEICO与Golden West金融公司这些管理费用极低的公司的运营模式。"

削减管理费用的方法有很多。如埃德温·利非弗及杰西·利弗莫尔在《股票作手回忆录》一书中提出把信纸翻过来用，美国富国银行的卡尔·赖卡特关闭主管专用的餐厅、关闭高级人员专用电梯等，都是比较有效的方法。

财务费用几乎没有任何取巧之处。何况损失不可控，各种手续费也不是由企业自己规定的，唯一可以调节的就是利息支出，但是企业需要借款，就必须支付利息。多借多付，少借少付，这方面只能看企业的营运能力了。

4.2 需要注意的问题：管理费用是企业的"良心"

管理费用过多，会直接影响公司的收益，特别是在行业不景气时，如果企业不但不收敛，反而增加管理费用，那就不是经济背景的问题了，而是管理层的"良心"问题。借款过多，利息的高支出会压得企业喘不过气来，不过在借得多的同时有能力创造利润就没问题。格雷厄姆给出的标准是，息税前利润要大于利息支出的7倍。

有朋友让笔者帮忙看一下X公司是否值得投资。看一家公司是否值得投资，要先打开利润表看一下，看该公司有没有持续稳定的盈利能力。

通过前几年年报给出的数据可以看到，X公司每股收益非常平稳。直到最近一年，出现了亏损。第3季度每股亏损0.28元，并且亏损有加速趋势。暂且默认X公司的其他项目都符合筛选股票的标准，主要问题是找到该公司亏损的原因，是经营出现了问题，还是经济环境不利。

这一年的三季度报中，该公司营业总收入为22.72亿元，营业总成本高达28.69亿元，大约亏损了6亿元。再看营业总成本中的各项成本构成，营业成本8.79亿元，管理费用11.37亿元，销售费用6.94亿元，财务费用0.76亿元，营业税金及附加 0.36 亿元，资产减值损失 0.47 亿元，加总后，共 28.69 亿元。

先来看各项成本占营业总成本的比例，营业成本占营业总成本的 30.64%，管理费用占营业总成本的 39.63%，财务费用占营业总成本的 2.65%，销售费用占营业总成本的 24.19%，税金及附加与资产减值损失共占营业总成本的 2.89%。

我们找到了症结，管理费用占到了营业总成本的 39.63%，占比最高的不是营业成本，而是管理费用。也就是 100 元钱的营业总成本中，有近 40 元是管理费用。同期数据比较，2019 年安徽海螺水泥股份有限公司（以下简称"海螺水泥"）的三季报显示，其管理费用占营业总成本的 4.10%，上海凯宝药业股份有限公司（以下简称"上海凯宝"）3 个季度的管理费用占营业总成本的 6.82%，中国石油化工股份有限公司（以下简称"中国石化"）3 个季度的管理费用占营业总成本的 3.75%，中国石油天然气股份有限公司（以下简称"中国石油"）3 个季度的管理费用占营业总成本的 2.53%。

再进行纵向比较，X 公司前几年的管理费用占营业总成本的比例基本维持为 29% 左右，最高达 31.03%，最低为 28.05%，那么这一年的 39.36% 怎么解释呢？

我们再看一组数据，X 公司的管理费用占营业总成本的 50.12%，如果 X 公司能将管理费用维持为营业总成本的 29% 的水平，在其他条件都不变的情况下，X 公司还是可以盈利的。

Y 公司年报数据显示，其息税前利润为 83.88 万元，而财务费用却有 4.12 亿元。息税前利润就是在未交付当期利息和所得税前的利润，格雷厄姆建议，息税前利润最好要大于财务费用的 7 倍。但从前面的数据可以算出，需要支付的财务费用已经是息税前利润的 491.18 倍了，这表明 Y 公司赚的钱根本无法偿还利息。

4.3　寻找优质资产：伊利股份与光明乳业

内蒙古伊利实业集团股份有限公司（以下简称伊利股份）与光明乳业股份有限公司（以下简称光明乳业）同为乳制品企业，它们的毛利率、成本相似，差异较大的便是三大费用。

伊利股份主营业务：农畜产品的生产与加工。

光明乳业主营业务：生产、开发及销售乳制品和畜牧业业务。

4.3.1 数据对比：三大费用占比营业收入

或许很难想象，伊利股份后复权的股价与上市首日开盘价的价差，要比光明乳业高出 100 多倍。同样都是乳制品企业，它们的差距为什么这么大呢？

表 4.1 所示为伊利股份的三大费用占比数据，表 4.2 所示为光明乳业的三大费用占比数据。从 6 年的数据来看，在三大费用中，伊利股份唯一比光明乳业高的是管理费用，但也仅高出 2～3 个百分点，并且两家乳企的管理费用都很低。

表 4.1　伊利股份的销售费用、管理费用、财务费用对营业收入占比数据

时间	营业收入（亿元）	销售费用占比（％）	管理费用占比（％）	财务费用占比（％）
2013 年	477.79	17.89	5.01	-0.77
2014 年	544.36	18.51	5.81	0.28
2015 年	603.60	21.96	5.73	0.49
2016 年	606.09	23.29	5.70	0.04
2017 年	681.00	22.81	4.57	0.17
2018 年	796.00	24.86	3.75	-0.08

表 4.2　光明乳业的销售费用、管理费用、财务费用对营业收入占比数据

时间	营业收入（亿元）	销售费用占比（％）	管理费用占比（％）	财务费用占比（％）
2013 年	162.91	27.07	2.97	0.33
2014 年	206.50	26.49	2.83	0.38
2015 年	193.73	27.83	3.53	0.72
2016 年	202.07	27.81	3.82	1.44
2017 年	220.23	23.87	2.91	1.14
2018 年	209.86	23.80	3.18	0.96

但对比销售费用，2013 年至 2017 年伊利股份要低于光明乳业，最高时差距大于 10%。从销售能力来看，伊利股份要远远高于光明乳业，以差距最大的 2013 年为例，伊利股份支出 17.89 元的销售费用可获得 100 元的收入，而光明

乳业要支出27.07元才能得到相同的收入,这看似不大的差距,使得两家企业高下立判。图4.1所示为伊利股份后复权月线图。

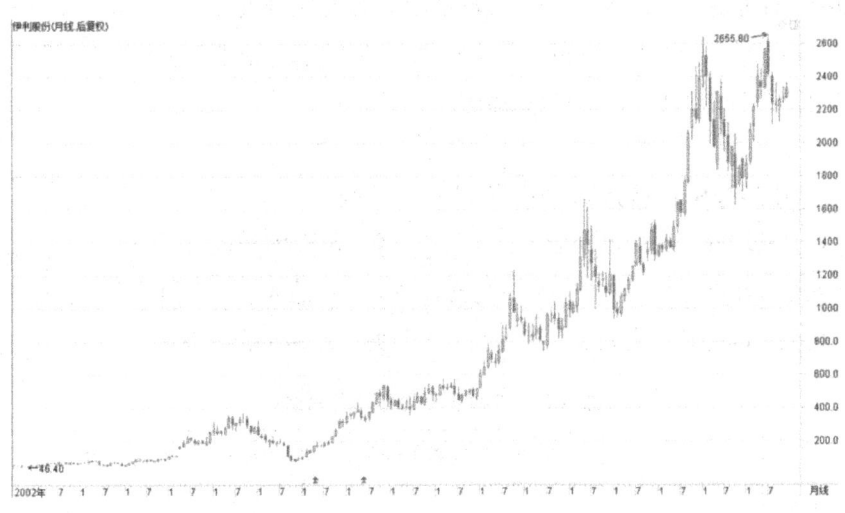

图4.1 伊利股份后复权月线图

虽然财务费用都不高,但2013年和2018年伊利股份的财务费用为负数,这说明不仅不需要支付利息,还要回收利息;光明乳业的财务费用占比还有向上趋势,不过两家企业的财务费用基本可以忽略,其对营业收入的吞噬并不大。图4.2所示为光明乳业后复权月线图。

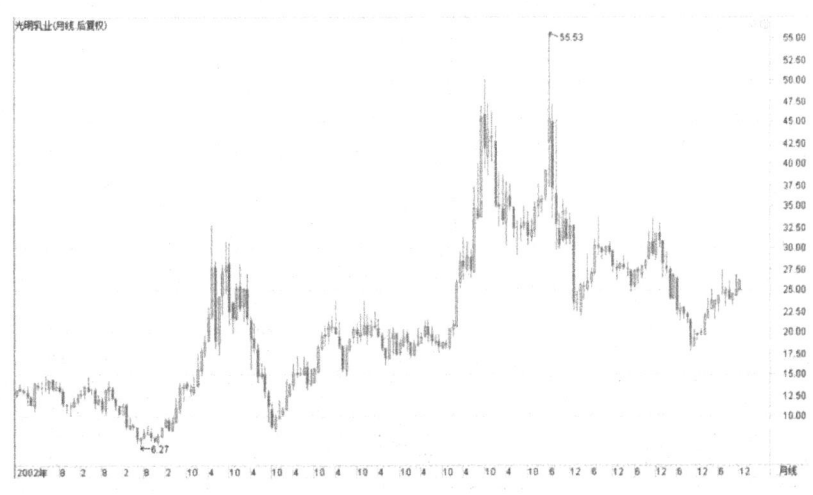

图4.2 光明乳业后复权月线图

伊利股份从上市首日以9元的价格开盘，至2019年12月19日股价达到2 325.91元（后复权），上涨到开盘价的258.43倍；而光明乳业上市首日以12.50元的价格开盘，至2019年12月19日后复权价仅为26.14元，仅为开盘价的2.09倍。如果要找差距，至少在销售能力上，光明乳业不如伊利股份，虽然这不是全部的原因，但也是原因的一部分。

4.3.2 杜邦分析：费用对销售净利率的影响

还是选取同一类型的企业进行比较。表4.3所示为伊利股份的杜邦分析数据，表4.4所示为光明乳业的杜邦分析数据。同类企业的成本、费用大多不会相差太多，但也正因为是同类企业，即使只差一点儿，差距也会被放大。

表4.3 伊利股份的杜邦分析数据

时间	销售净利率（%）	总资产周转率（%）	权益乘数	净资产收益率（%）
2013年	6.67	145.33	2.02	19.58
2014年	7.61	137.83	2.10	22.03
2015年	7.67	152.31	1.97	23.01
2016年	9.34	154.37	1.69	24.37
2017年	8.82	138.05	1.95	23.74
2018年	8.10	167.11	1.70	23.01

表4.4 光明乳业的杜邦分析数据

时间	销售净利率（%）	总资产周转率（%）	权益乘数	净资产收益率（%）
2013年	2.49	140.83	2.30	8.07
2014年	2.76	158.58	2.50	10.94
2015年	2.16	125.42	2.94	7.96
2016年	2.79	125.67	2.61	9.15
2017年	2.82	130.22	2.50	9.18
2018年	1.63	117.02	2.64	5.04

从销售净利率来看，光明乳业近 6 年一直没有高于 3%，但是伊利股份却是从 6.67% 一路升到 9.34%，2017 年至 2018 年略有下降。销售净利率是用净利润除以营业收入得到的，刚刚通过比较得知它们的管理费用和财务费用差不多，但是从销售费用来看伊利股份更低。由此我们可以推断，生产一样的产品，光明乳业的成本更高。

从总资产周转率来看，销售净利率越高的企业，总资产周转率应当越低。但是伊利股份却相反，不但销售净利率高，总资产周转率也高，说明伊利股份的营运能力也比光明乳业更强。

权益乘数是反映企业利用负债经营杠杆的数据。即便伊利股份使用的杠杆相对光明乳业更少，但净资产收益率还是比光明乳业高。

因此综合三大能力来看，伊利股份的经营能力更高一筹。伊利股份更具有为股东赚钱的能力，这三大能力的差别，也就是股价增速相差很多倍的原因吧。

4.3.3 极简市盈率买入法：伊利股份

伊利股份 2000 年至 2018 年的 7 年平均每股收益与 15 倍长期平均市盈率价格如表 4.5 所示。

表 4.5 伊利股份 7 年平均每股收益与 15 倍长期平均市盈率价格数据

单位：元

时间	7 年平均每股收益	15 倍长期平均市盈率价格
2000 年至 2006 年	0.69	10.35
2001 年至 2007 年	0.57	8.55
2002 年至 2008 年	0.12	1.80
2003 年至 2009 年	0.11	1.65
2004 年至 2010 年	0.18	2.70
2005 年至 2011 年	0.25	3.75
2006 年至 2012 年	0.30	4.50
2007 年至 2013 年	0.44	6.60
2008 年至 2014 年	0.67	10.05

续表

时间	7年平均每股收益	15倍长期平均市盈率价格
2009年至2015年	1.11	16.65
2010年至2016年	1.12	16.80
2011年至2017年	1.13	16.95
2012年至2018年	1.12	16.80

因为2008年金融危机，使大部分企业都出现了亏损，当年伊利股份每股亏损2.3元，所以使得其平均每股收益显得特别低。

2016年4月收盘价15.03元，买入100股。

2016年5月10股派4.50元，共得股息45元。收盘价15.42元，买入100股，共持有200股，股息45元。

2016年6月收盘价16.67元，买入100股，共持有300股，股息45元。

2016年9月收盘价16.11元，买入100股，共持有400股，股息45元。

2017年5月10股派6元，共得股息240元，共持有400股，股息285元。

2018年6月10股派7元，共得股息280元，共持有400股，股息565元。

2019年4月10股派7元，共得股息280元，共持有400股，股息845元。

共买入4次，总成本6 323元，减去收到的股息845元，平均每股成本13.70元。至2019年12月19日收盘价为29.95元。总盈利6 500元，年均回报率为118.66%。

前期伊利股份的成长，我们没跟上，这没关系，还有另一种买法。格雷厄姆在《聪明的投资者》一书中提出，当每股股价低于每股净流动资产时，是买入优质企业股票的好时机。

伊利股份是优质企业，而2008年的股价下跌和亏损不是伊利股份自身的问题，或者说虽然它自身存在问题，但不是主要诱因。因此越是优质企业，在这种大背景下跌的情况下，我们越是要关注。

伊利股份2008年10月公布的三季报数据中，流动资产为57.83亿元，总股本为7.99亿元，每股净流动资产为7.23元，2008年10月的收盘价为6.89元，此时恰为买入时机。

以下为根据格雷厄姆股价低于每股净流动资产买入法。

2008年10月收盘价6.89元，买入100股。

2011年6月10股转10股，共持有200股。

2012年4月10股派2.50元，得股息50元。共持有200股，股息50元。

2013年5月10股派2.80元，得股息56元。共持有200股，股息106元。

2014年7月10股转5股派8元，得股息160元。共持有300股，股息266元。

2015年5月10股转10股派8元，得股息240。共持有600股，股息506元。

以下为极简市盈率买入法。

2016年4月收盘价15.03元，买入100股。共持有700股，股息506元。

2016年5月10股派4.50元，得股息315元。收盘价15.42元，买入100股，共持有800股，股息821元。

2016年6月收盘价16.67元，买入100股，共持有900股，股息821元。

2016年9月收盘价16.11元，买入100股，共持有1 000股，股息821元。

2017年5月10股派6元，得股息600元。共持有1 000股，股息1 421元。

2018年6月10股派7元，共得股息700元。共持有1 000股，股息2 121元。

2019年4月10股派7元，共得股息700元。共持有1 000股，股息2 821元。

共买入5次，总成本7 012元，减去收到的股息2 821元，持有1 000股，平均每股成本4.19元。至2019年12月19日，收盘价为29.95元，每股获得收益25.76元，年平均回报率55.88%。

4.4　引申指标：成本费用利润率

收入对应着成本与费用，本书在第2章中讲到了成本，在本章中讲到了费用，这些指标都是分开来考查的，有没有一种方法能将成本和费用放在一起考查呢？有，就是成本费用利润率。

成本费用利润率是企业一定时期内的利润总额与成本、费用总额的比率，这些数据都可以从利润表中直接查到。

$$成本费用利润率 = 利润总额 \div 成本费用总额 \times 100\%$$

利润表可以分为三大部分：主营业务的营业利润，加减营业外收入与支出后的利润总额，扣除所得税后的净利润。成本费用利润率考查的是利润总额，即在未交所得税前，每一块钱的成本和费用能创造多少利润。

如果不加入营业外收入和营业外支出，只考查主营业务，也可以将成本费用利润率指标变成成本费用利润率。

$$成本费用利润率 = 营业利润 \div 成本费用总额 \times 100\%$$

比值越高，说明每一块钱的成本和费用可以创造出越多的利润，也可以逆向理解为，成本费用控制得越好。

表4.6所示为伊利股份与光明乳业的成本费用利润率的数据对比。从表中的数据可以看到，伊利股份近6年来成本费用利润率不断增长，说明其成本费用控制得非常好，费用控制发挥了很大的作用。虽然光明乳业的成本费用利润率也有所增长，但从2017年开始回落，相比伊利股份，还是比较低的。

表4.6 伊利股份与光明乳业的成本费用利润率

时间	伊利股份成本费用利润率（％）	光明乳业成本费用利润率（％）
2013年	6.76	4.52
2014年	9.54	3.60
2015年	9.93	3.77
2016年	11.95	5.28
2017年	11.50	5.24
2018年	10.56	4.35

第 5 章

扣除直接成本：毛利率

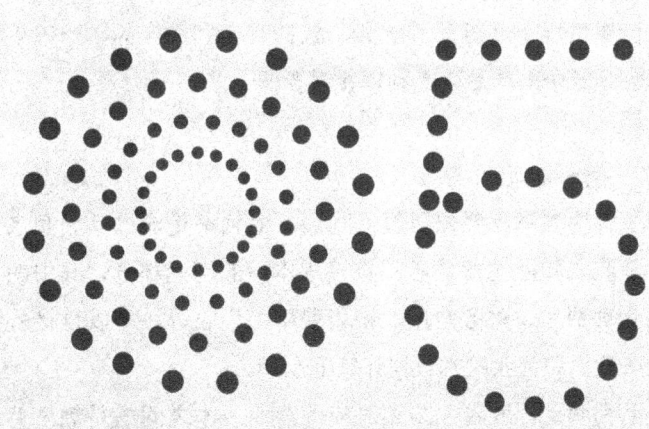

通过毛利率指标可以看出一个产品的附加价值有多高,但好的企业的毛利率并不一定高,这是行业定位的问题。如果快销品企业的毛利率过高,说明其企业定位有误。

5.1 指标解析:企业定位

一般情况下,有品牌优势,包括有专利的产品,一般毛利率极高;相反,接近完全竞争的产品,毛利率相对要低一些。

5.1.1 指标概念

了解毛利率,要先了解毛利润。毛利率是通过毛利润来计算的。毛利润是指营业收入扣除主营业务的直接成本后的利润部分,其中的直接成本不包括企业的管理费用、财务费用、销售费用、税收等。可以直接从财务报表中找到营业收入数据和营业成本数据计算毛利润。

毛利润是营业收入与相对应的营业成本之间的差额,毛利率是指毛利润除以营业收入的百分比。

一般来说,做生意的毛利润是指卖东西获得的 100 元中扣除成本还有多少。这个成本是指产品加工过程中的直接成本,不包括打电话、坐车的费用,这个成本只与产品有关。

如果产品毛利润太高,我们会认为产品比较贵。毕竟 100 元的东西,成本才9元，凭什么卖这么贵？当然贵有贵的道理。但如果产品毛利润很低，100元的东西，成本90元，我们就会感觉不算太贵，毕竟人家才赚10元，但不贵也有不贵的理由。这就涉及企业的定位问题。

5.1.2　指标公式

根据定义，可以写出毛利率和毛利润的公式。需要注意的是，在有些毛利润和毛利率的概念中，营业收入写的是销售收入，这两个数据基本是一样的，差距不大。营业收入与营业成本数据，可以在财务报表中的利润表的最上方找到。

$$毛利润 = 营业收入 - 营业成本$$

$$毛利率 = (营业收入 - 营业成本) \div 营业收入 \times 100\%$$

5.1.3　意义与作用

前面说过，毛利率越高的产品，其附加价值越大。例如茅台酒的毛利率一直在90%以上，也就是100元的茅台酒，其直接成本不到9元，为什么卖这么贵还有人买呢？

茅台酒有着2000多年的发展历程，最早可以追溯到秦汉，到清代才达到一定规模的量产，年产量约170吨，这在古代中国的酿造史上是非常罕见的。在1915年巴拿马万国博览会上，茅台酒（华茅）被评为金奖。茅台酒有独特的酿造工艺。这些都是茅台酒的品牌优势。因为品牌、体验都成为了茅台酒的高附加值，所以它的毛利率才会特别高。

如果只要有这样的品牌优势就能卖高价，那经营者岂不是高枕无忧了？

茅台酒只是一个特例，因为它已经深入人心。我们来看看其他行业，如奢侈品行业。从毛利率的计算公式可以看出，奢侈品行业的成本相对其售价很低。因此，奢侈品行业要花费巨大的销售费用来维护品牌。一旦有所松懈，不但可能会被其他同类企业超越，还可能使整个品牌衰落。就连茅台酒也一直在打广告，可见维护品牌是非常重要的。

既然如此，是不是每一个企业都应追求高毛利率？并非如此。

产品定位是很有讲究的。售价每袋1元的普通冰激凌和售价上百元的哈根达斯，其产品在直接成本上有多大的差别？售价每杯不足1元的速溶咖啡和售价每杯几十元的星巴克咖啡，其产品在直接成本上有多大的差别？差别是有的，但不会造成如此大的售价差距。

哈根达斯和星巴克的毛利率高,是因为它们有某种形式的品牌优势,而普通品牌则没有。因此,如果普通品牌也走高利润路线,很有可能一个产品也卖不出去。

为了求生存,就只能找另外一条路——低毛利率、高营运,普通品牌的价格会压得很低,低到没人敢跟其竞争,那么这种定价策略就成功了。因其价格低,所以卖得多、卖得快,正所谓薄利多销,发挥资金高速的流转效用,最终的利润也能达到一定水平。

有些高毛利率的商品,因其毛利率过高,反而周转率很低。这是因为这种企业走的不是薄利多销的路线,而是走的高净利率的路线。

这就是高毛利率和低毛利率两种企业的营销差别,但它们都会遵循"收入 = 单价 × 数量最大化"的原则。

5.2 需要注意的问题:企业转型体现在毛利率

毛利率只是一种衡量产品附加值的方法,不能简单用毛利率的高低来判断企业的好坏。因为衡量企业的综合素质时要考虑以下三个能力:盈利能力(利润)、营运能力(周转)、偿债能力(杠杆)。毛利率能反映三个因子中一个因子的一部分。毛利率高的企业,如贵州茅台;毛利率低的企业,如合肥百货大楼集团股份有限公司(以下简称"合肥百货"),都是具有优势资产的企业。

企业会转型,无外乎就是从高毛利率转到低毛利率,或者从低毛利率转到高毛利率,相应的毛利率由高转低,总资产周转率就要由低变高,毛利率由低转高,总资产周转率就要由高变低。虽然两者有时会成正比,但这种营运模式并不多见,通常情况下都是成反比。

表5.1所示为报喜鸟2004年至2018年毛利率与总资产周转率数据。从表中可以看出,2004年,报喜鸟的毛利率只有34.81%,只比普通企业30%的标准线多出一点点,可见报喜鸟走的是普通快销品的路线。至2013年,毛利率上升到60%以上,报喜鸟转型为走高毛利率路线,同时总资产周转率由2004年的126.70%下降到2013年的44%,下降了近2/3。

表 5.1 报喜鸟毛利率与总资产周转率数据

时间	毛利率（%）	总资产周转率（%）
2004 年	34.81	126.70
2005 年	36.27	120.15
2006 年	39.10	115.50
2007 年	46.78	60.28
2008 年	48.69	76.42
2009 年	51.13	54.84
2010 年	54.19	48.78
2011 年	58.87	49.63
2012 年	58.87	47.25
2013 年	62.14	44.00
2014 年	63.18	52.31
2015 年	57.86	49.45
2016 年	57.97	48.25
2017 年	60.34	61.11
2018 年	61.06	74.12

从上面的数据可以看出，报喜鸟的转型是成功的。如果转型不成功会是怎样的表现？总资产周转率降低，但毛利率却上不去。正如杜邦分析中，两大因子一个下降一个停滞，企业的净资产收益率会停滞不前。转型后，我们的关注点应从高营运速度转到高净利润。

5.3 寻找优质资产：云南白药与青海春天

云南白药与青海春天药用资源科技股份有限公司（以下简称"青海春天"）都是中成药企业，一般中成药企业的毛利率都很高，但有些中成药企业会走低利率、高周转的路线，云南白药便是这类企业。与同为中成药企业的青海春天相比,可以看出两家企业的定位不同。

云南白药主营业务是制造和销售以云南白药系列产品和天然植物药系列产品为主的各类药品。

青海春天主营业务是冬虫夏草产品的研发、生产、销售业务及广告业务。

5.3.1 数据对比:毛利率与总资产周转率

表 5.2 所示为云南白药和青海春天 2013 年至 2018 年的毛利率与总资产周转率的数据对比。从表中的数据可以看出,虽然云南白药是中成药企业,但它走的并不是高附加值的高毛利率路线,它的毛利率一直处于 30% 左右,是一般企业的平均水平。既然如此,想要提高净资产收益率,只能提高总资产周转率,可惜的是最近 6 年总资产周转率一直处于下降的趋势。

表 5.2 云南白药和青海春天的毛利率与总资产周转率数据

时间	云南白药		青海春天	
	毛利率(%)	总资产周转率(%)	毛利率(%)	总资产周转率(%)
2013 年	29.70	122.78	60.02	0.27
2014 年	30.16	115.13	7.62	107.67
2015 年	30.53	107.50	48.31	66.35
2016 年	29.86	91.15	48.09	32.02
2017 年	31.19	87.77	66.28	19.36
2018 年	30.55	49.51	20.62	13.67

而青海春天,则无法确定它到底走的是哪条路线,因为它的毛利率忽高忽低。在毛利率非常低的 2014 年,其总资产周转率非常高,2017 年毛利率较高,总资产周转率却走低。

问题在于,青海春天 2014 年的总资产周转率是近些年来最高的,但毛利率仅仅有 7.62%;同期云南白药毛利率为 30.16%,总资产周转率有 115.13%。

由此可以看出,两家中成药企经营能力的差别,虽然云南白药的产品是高附加值产品,但它走的是一般路线,贵在毛利率和总资产周转率很均衡,而且比较稳定;但青海春天非常不稳定,时高时低的毛利率让我们无法聚焦关注点,在毛利率低时，总资产周转率也并不是特别高。

5.3.2 杜邦分析：跳跃与稳定的权益乘数

表 5.3 所示为云南白药 2013 年至 2018 年的杜邦分析数据。从表中的数据可以看出，云南白药的业绩比较稳定，各项指标没有大的变动，除了 2018 年，净资产收益率一直保持在 10% 以上。图 5.1 所示为云南白药后复权月线图。

表 5.3 云南白药的杜邦分析数据

时间	销售净利率（%）	总资产周转率（%）	权益乘数	净资产收益率（%）
2013 年	14.68	122.78	1.43	25.77
2014 年	13.32	115.13	1.45	22.24
2015 年	13.36	107.50	1.43	20.54
2016 年	13.03	91.15	1.55	18.41
2017 年	12.93	87.77	1.53	17.36
2018 年	12.38	49.51	1.35	8.27

表 5.4 所示为青海春天的杜邦分析数据，从表中的数据可以看出，青海春天的销售净利率在 2013 年达到了 825%。为什么会这么高？仔细看财务报表，当期净利润为 0.33 亿元，而营业收入却只有 0.04 亿元。值得注意的是，净利润是从营业收入中得来的，如果净利润比营业收入高，只能有一种情况，那就是净利润中绝大部分并不是从主营业务中获得的。仔细查看财务报表可以发现，青海春天在 2013 年投资收益为 1.96 亿元。换句话说，青海春天的大部分净利润是从投资收益中获得的。图 5.2 所示为青海春天后复权月线图。

表 5.4 青海春天的杜邦分析数据

时间	销售净利率（%）	总资产周转率（%）	权益乘数	净资产收益率（%）
2013 年	825.00	0.27	29.78	66.33
2014 年	17.69	107.67	1.30	24.76
2015 年	25.53	66.35	1.20	20.33
2016 年	34.60	32.02	1.10	12.19

续表

时间	销售净利率（%）	总资产周转率（%）	权益乘数	净资产收益率（%）
2017年	66.03	19.34	1.05	13.41
2018年	20.42	13.67	1.02	2.85

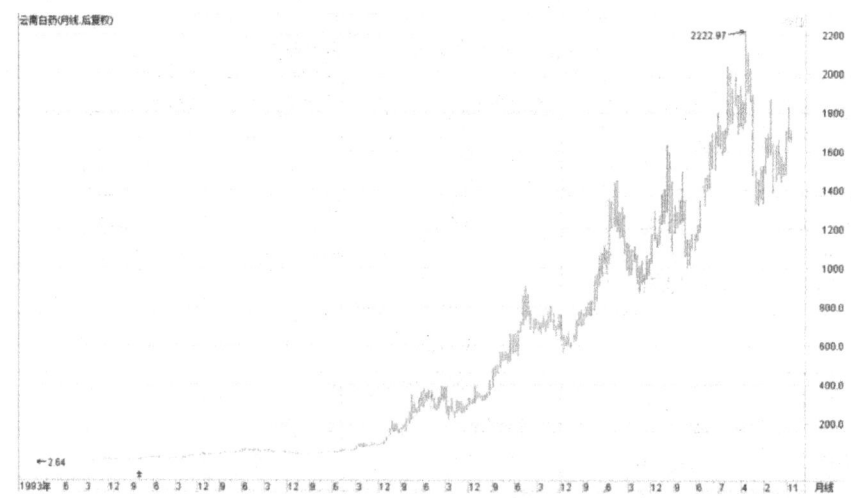

图5.1 云南白药后复权月线图

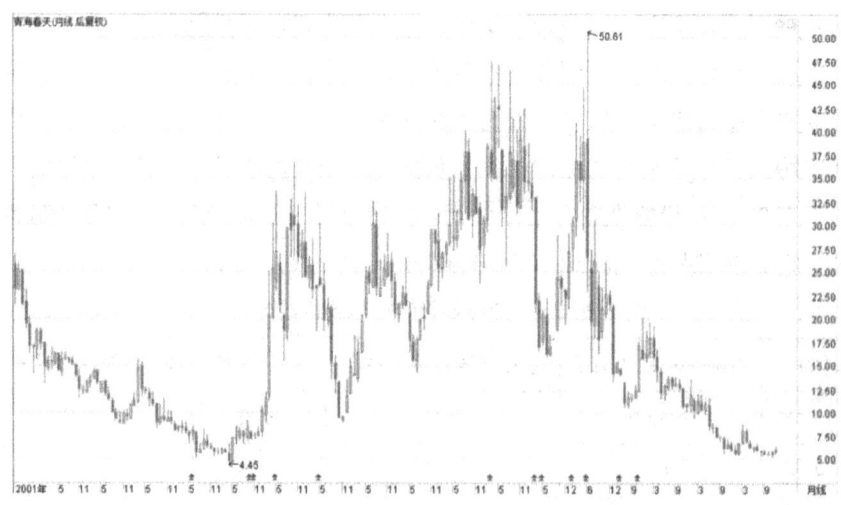

图5.2 青海春天后复权月线图

5.3.3 大规模普跌背景下买入云南白药

云南白药 1997 年至 2018 年的 7 年平均每股收益与 15 倍长期平均市盈率价格数据如表 5.5 所示。

表 5.5 云南白药 7 年平均每股收益与 15 倍长期市均市盈率价格数据

单位：元

时间	7 年平均每股收益	15 倍长期平均市盈率价格
1997 年至 2003 年	0.36	5.40
1998 年至 2004 年	0.44	6.60
1999 年至 2005 年	0.53	7.95
2000 年至 2006 年	0.57	8.55
2001 年至 2007 年	0.63	9.45
2002 年至 2008 年	0.71	10.65
2003 年至 2009 年	0.80	12.00
2004 年至 2010 年	0.91	13.65
2005 年至 2011 年	1.04	15.60
2006 年至 2012 年	1.24	18.60
2007 年至 2013 年	1.64	24.60
2008 年至 2014 年	1.88	28.20
2009 年至 2015 年	2.13	31.95
2010 年至 2016 年	2.37	35.55
2011 年至 2017 年	2.61	39.15
2012 年至 2018 年	2.81	42.15

根据表 5.5 中的数据，纵观云南白药的走势，我们基本没有买入的机会。在第 4 章讲述如何买入伊利股份时，也遇到了这种情况，我们用了股价低于每股净流动资产的买入方法。而本例中再给读者介绍一种买入方法，即格雷厄姆在《聪明的投资者》一书中提出的防御型投资法。

防御型投资法有以下 4 个条件。

（1）将所有的鸡蛋放在一个篮子里容易全部打碎，所以要分开放。格雷厄姆建议，"篮子"不要太多，也不能太少，10～30个为宜。

（2）要挑选大型的、知名的、财务稳健的公司。这个条件非常含糊，企业的资产总额不能过低，至少要在行业内排名靠前。至于财务稳健，说的是企业在偿债方面不要有太大的压力，格雷厄姆给了一条线，账面价值与总资产之比不能小于50%，可以直接理解为资产负债率不得高于50%。

（3）市盈率，需要分两种情况：要么股价低于7～10年长期平均市盈率价格，要么当期股价不能高于20倍当期市盈率价格。

（4）有长期支付股息的记录。但是在我国，这个前提可以稍作更改。

与股价低于每股净流动资产买入法相比，防御型投资法只改了一个条件，增加了一个条件：市盈率由低于7～10年长期平均市盈率，改为不能高于20倍当期市盈率；增加了资产负债率不能高于50%这一条件。总的来说没有太大的变化。

由于云南白药每年都有派息和股权变化，所以应当分别对每一年的收盘价，进行当年的复权处理。

实际情况是，像云南白药这样具有优质资产的股票，我们很难用格雷厄姆的量化方法来买入，用菲利普·A.费舍的方法或许能买到。股价低于7～10年15倍长期平均市盈率价格，这是一个中性范围，而股价低于20倍当期市盈率价格，几乎就是最宽松的条件了。因此格雷厄姆才会说，这是防御型投资者的最简单的方法之一，因为防御型投资者不要求太多的回报，更注重资金安全。

但即使是用最宽松的量化条件，我们也很难找到云南白药的买入点，因为它太稳定了。云南白药的股价20多年如一日地稳定上涨，即使出现了深幅回调，也达不到低估甚至平估的水平，连贵州茅台都无法达到这一效果。

或者在当年股价接近20倍市盈率价格时买入云南白药，或者只要能在10年前介入，并且一直稳定持有的，最终会跟随企业的成长而收获丰厚的收益。

还有一个方法，就是在股市普遍大规模下跌时找机会买入云南白药。

表5.6是云南白药2015年4个报告期的三大盈利指标数据。2015年8月云南白药公布中报，此时股价已下跌至58.36元，中报显示三大盈利能力指标并无明显变化，表明企业经营没出现任何问题，此时应当逢低买入，2015年8月收盘价为69.37元，买入100股。

表 5.6 云南白药 2015 年 4 个报告期的三大盈利指标数据

时间	营业利润率（%）	销售净利率（%）	毛利率（%）
2015 年一季报	15.28	13.36	29.36
2015 年中报	16.70	14.58	30.60
2015 年三季报	15.08	13.15	31.38
2015 年年报	14.02	11.91	30.53

2015 年 10 月，云南白药三季报公布，显示各项指标几乎没有变化，继续以月收盘价 67.35 元买入 100 股。

2016 年 6 月每 10 股派息 6 元，收到股息 120 元。

2017 年 7 月每 10 股派息 8 元，收到股息 160 元。

2018 年 7 月每 10 股派息 15 元，收到股息 300 元。

2019 年 6 月，每 10 股派息 20 元，收到股息 400 元。

2019 年 12 月 19 日云南白药收盘价为 86.81 元。总成本为 13 672 元，减去股息 980 元，平均每股成本为 63.46 元；盈利 4 670 元，年平均收益率 9.20%。

当然不仅是在 2015 年有这样的机会，2008 年其后的普遍大规模下跌时，都可以按此方法买入。

第6章

不在主营业务之内的收益：投资收益

实际上，我们在日常生活中都有投资收益，如股票的股息、债券的分红和银行存款的利息。如果企业不是以投资为主营业务，那么这些收益都不是主营业务收益。

6.1 指标解析：买彩票中奖并不代表盈利能力

投资收益对于不以投资为主营业务的企业来说，不是主营业务收入，所以在查看每股利润时，需要特别注意。

6.1.1 指标概念

投资收益是指对外投资所取得的利润、股利和债券利息等收入，减去投资损失后的净收益。严格地讲，所谓投资收益是指以项目为边界的货币收入等。它既包括项目的销售收入又包括资产回收（即项目寿命期末收回的固定资产和流动资金）的价值。投资可分为实业投资和金融投资两大类，人们平常所说的金融投资主要是指证券投资。

从投资收益的概念来看，企业的投资收益并不专指持有其他企业的股权、每年收回股息，还包括资产回收，当然不仅是项目期末收回的资产或现金，也包括出售资产。

例如，浙江海正药业股份公司（以下简称"海正药业"）在2019年的三季报显示，其2019年第3季度净利润为12.55亿元。这个数据单独看没有任何问题,但如果与它以前的净利润相对比,就显得非常怪异了。海正药业2013年至2018年的净利润分别为:3.02亿元、3.08亿元、0.14亿元、-0.94亿元、0.14亿元、-4.92亿元。近6年净利润总额为0.52亿元,而2019年3个季度就获得了净利润12.55亿元,这其中必定有问题。

因此我们还要细看财报,其2019年的三季报显示,出售浙江海正博锐生物制药有限公司部分股权获得的投资收益为16.02亿元。这说明,海正药业的大部分利润来自出售股权,是非经常性收益,并不是改善主营业务后赚来的,并没有多少含金量。

6.1.2 指标公式

既然是投资,就一定会有风险,因此投资的结果不一定是收益,还有可能是风险。如果一个卖冰棍的人不专心卖冰棍,还去炒股票,股票的收益就是他的投资收益。即使赚钱了,也并不说明他冰棍卖得好,那么亏了呢?还要从净利润中去除亏的钱。投资收益的公式如下。

投资收益 = 对外投资所取得的利润 + 股利 + 债券利息 - 投资损失

6.1.3 意义与作用

既然投资赚再多的钱,也不能反映企业经营的能力,那么企业为什么还要去做投资呢?因为资金在手中闲置是要贬值的,如果不利用,就会浪费了机会成本。哪怕把钱存到银行,也能收到利息。

企业为了战略发展,可以参股其他企业,甚至完全收购其他企业,使其变成自己的全资子公司。例如,一家钢铁公司,如果能参股一家上游铁矿企业,就可以降低成本;一家电商企业,如果能参股一家物流公司,它的配送成本就会降低。

沃伦·巴菲特利用从保险公司获得的保险金,在留足赔付的资金后,将多余的资金继续去投资其他企业,用它再创造新的现金流。

资本的本性是逐利的,哪里能获利,资本就流向哪里。

6.2 需要注意的问题：喧宾夺主

即便投资对于企业的发展有着重要的意义，但也不能将所有精力都放到投资上，毕竟企业还有自己的主营业务。如果投资收益超过了主营业务收益，那么只能看作是"挂羊头卖狗肉"了。

表 6.1 所示为吉林敖东 2013 年至 2018 年的投资收益对净利润占比的数据。从表中的数据可以看出，吉林敖东在近几年净利润中投资收益占 70%～80% 以上，特别是在 2013 年达到了 87.91%。

表 6.1 吉林敖东的投资收益对净利润占比数据

时间	投资收益（亿元）	净利润（亿元）	投资收益占比（%）
2013 年	9.31	10.59	87.91
2014 年	10.72	14.11	75.97
2015 年	22.40	25.94	86.35
2016 年	13.15	16.66	78.93
2017 年	14.81	18.63	79.50
2018 年	7.21	9.35	77.11

吉林敖东的营业范围为：制药业（为主导产业）、养殖、种植、房地产开发、商业、机械修理、仓储、饮食服务业、运输多业经营。从资料来看，吉林敖东的主要业务还是制药业。

但吉林敖东是广发证券股份有限公司（以下简称"广发证券"）的第一大股东，对广发证券的投资收益，占吉林敖东净利润的绝大部分。而这一数据与吉林敖东以制药业为"主导"的说法相矛盾。

6.3 寻找优质资产：恒瑞医药与辽宁成大

恒瑞医药与辽宁成大股份有限公司（以下简称"辽宁成大"）皆为药企，恒瑞医药以经营抗肿瘤药物为主，辽宁成大以经营疫苗为主。从经营品种来看，都是研发型西药企业，具有同类可比性。

恒瑞医药主营业务为药品研发、生产和销售。

辽宁成大主营业务为医药医疗、国内外贸易、金融投资、能源开发。

6.3.1 数据对比：投资收益对净利润占比

表6.2所示为恒瑞医药2013年至2018年投资收益对净利润占比的比率数据。从表中的数据可以看出，恒瑞医药的投资收益除最近两年外几乎常年为零，由此可以判断它的净利润含金量非常高。因此我们在计算恒瑞医药的每股收益时，可以忽略投资收益。

表6.2 恒瑞医药投资收益对净利润占比数据

时间	投资收益（亿元）	净利润（亿元）	投资收益占比（%）
2013年	0	12.38	0
2014年	0	15.16	0
2015年	−0.03	21.72	−0.14
2016年	0.15	25.89	0.58
2017年	0.39	32.93	1.18
2018年	2.48	40.61	6.11

表6.3所示为辽宁成大2013年至2018年投资收益对净利润占比数据。从表中的数据可以看出，辽宁成大每年的投资收益对净利润占比高于100%，甚至在2015年占比达到405.44%。可见辽宁成大的主营业务近6年来根本没有盈利，都是靠投资收益来弥补的。

表6.3 辽宁成大的投资收益对净利润占比数据

时间	投资收益（亿元）	净利润（亿元）	投资收益占比（%）
2013年	9.05	8.46	106.97
2014年	10.48	8.13	128.91
2015年	20.88	5.15	405.44
2016年	16.09	9.48	169.73
2017年	20.50	14.89	137.68
2018年	8.73	8.55	102.11

辽宁成大上市首日开盘价格为13.16元，至2019年12月19日后复权收盘价554.09元，收盘价为开盘价的42.10倍。恒瑞医药上市首日开盘价26.88元，至2019年12月19日后复权收盘价为3 491.95元，收盘价为开盘价的129.91倍。并且恒瑞药业只用了18年，而辽宁成大用了22年。忽略4年的时间因素，恒瑞医药股价的涨幅是辽宁成大的3倍左右。

6.3.2 杜邦分析：尴尬的双降格局

表6.4所示为2013年至2018年恒瑞医药的杜邦分析数据。从表中数据可以看到，恒瑞医药的销售净利率与总资产周转率达到了某种均衡，既不算太高，也不算太低，但恒瑞医药的另外两个指标处于负相关的转化中。销售净利率近6年逐渐缓慢提高，上涨了约3.4个百分点，同时总资产周转率下降了约8个百分点，权益乘数几乎未变，这说明恒瑞医药的负债与净资产结构没有大的变化，比较稳定。销售净利率与总资产周转率两大指标的正常表现，使得净资产收益率常年处于20%左右的高位。图6.1所示为恒瑞医药后复权月线图。

表6.4 恒瑞医药的杜邦分析数据

时间	销售净利率（%）	总资产周转率（%）	权益乘数	净资产收益率（%）
2013年	19.96	85.91	1.08	18.52
2014年	20.34	82.01	1.11	18.52
2015年	23.31	81.03	1.11	20.97

续表

时间	销售净利率（%）	总资产周转率（%）	权益乘数	净资产收益率（%）
2016 年	23.34	77.42	1.11	20.06
2017 年	23.25	76.70	1.13	20.15
2018 年	23.34	77.90	1.13	20.55

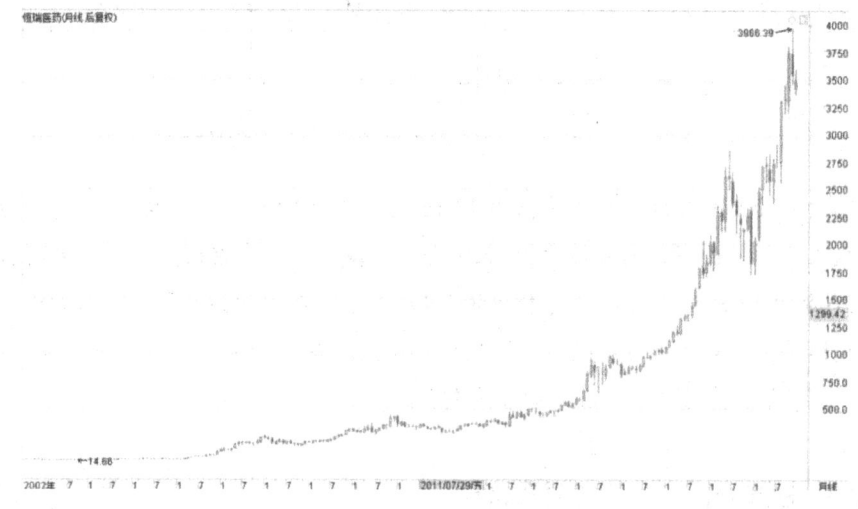

图 6.1　恒瑞医药后复权月线图

表 6.5 所示为 2013 年至 2018 年辽宁成大的杜邦分析数据。从表中的数据可以看出，辽宁成大的销售净利率与总资产周转率呈现负相关走势，但它的销售净利率增长得极不稳定。由于净资产收益率的两大因子数值偏低，导致净资产收益率一直处于低位。

表 6.5　辽宁成大的杜邦分析数据

时间	销售净利率（%）	总资产周转率（%）	权益乘数	净资产收益率（%）
2013 年	8.19	55.59	1.43	6.51
2014 年	8.80	45.55	1.36	5.45
2015 年	5.63	34.34	1.42	2.75

续表

时间	销售净利率（%）	总资产周转率（%）	权益乘数	净资产收益率（%）
2016 年	10.83	26.31	1.66	4.73
2017 年	10.33	39.44	1.66	6.76
2018 年	3.95	53.86	1.66	3.53

不要忘了，辽宁成大的主营业务基本上是亏损的，如果那些被辽宁成大投资的企业出现了亏损怎么办？相当于辽宁成大把自己绑在了别人的车上，是赔是赚全看别人。通过净资产收益率的对比，恒瑞医药的回报率在 20% 以上，更能为股东赚钱。图 6.2 所示为辽宁成大后复权月线图。

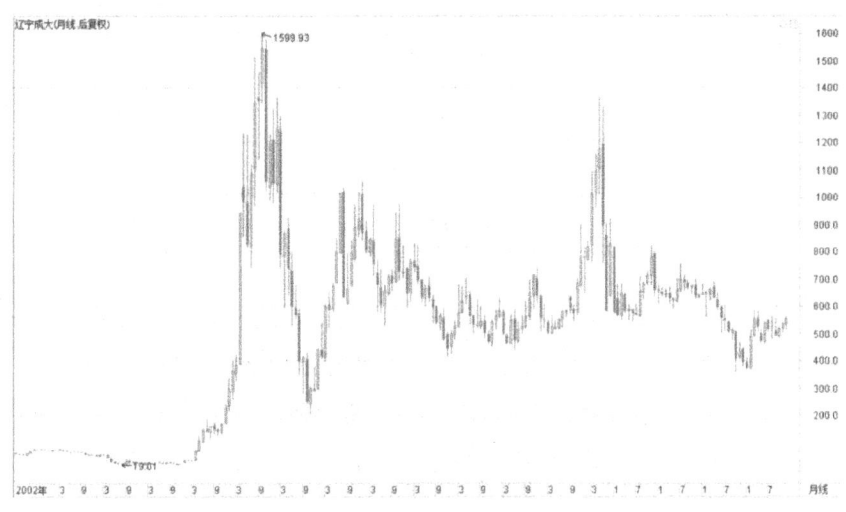

图 6.2 辽宁成大后复权月线图

6.3.3 大规模普跌背景下买入恒瑞医药

恒瑞医药 2001 年至 2018 年的 7 年平均每股收益与 15 倍长期平均市盈率价格如表 6.6 所示。

表 6.6 恒瑞医药 7 年平均每股收益与 15 倍长期平均市盈率价格

单位：元

时间	7 年平均每股收益	15 倍长期平均市盈率价格
2001 年至 2007 年	0.52	7.80
2002 年至 2008 年	0.58	8.70
2003 年至 2009 年	0.69	10.35
2004 年至 2010 年	0.77	11.55
2005 年至 2011 年	0.82	12.30
2006 年至 2012 年	0.85	12.75
2007 年至 2013 年	0.91	13.65
2008 年至 2014 年	0.92	13.80
2009 年至 2015 年	0.96	14.40
2010 年至 2016 年	0.96	14.40
2011 年至 2017 年	0.99	14.85
2012 年至 2018 年	1.04	15.60

恒瑞医药与前文提到的云南白药一样，无论是寻找股价低于 15 倍长期平均市盈率价格的机会，还是股价低于 20 倍当期市盈率价格的机会，甚至是股价低于每股净流动资产的机会都没有，只能是择"低"而进了。

这就是好企业、好股票的走势，一路派息配、转、增股，同时股价一路上涨，几乎不给我们进行量化的机会。与企业共同成长，在云南白药和恒瑞医药这两只股票里，表现得淋漓尽致。

表 6.7 所示为恒瑞医药 2008 年盈利能力指标数据。在 2008 年 8 月中报公布时，企业经营数据没有问题，可以逢低买入。

表 6.7 恒瑞医药 2008 年盈利能力指标数据

时间	营业利润率（%）	销售净利率（%）	毛利率（%）
2008 年一季报	17.06	12.76	84.33
2008 年中报	21.55	16.43	81.58

续表

时间	营业利润率（%）	销售净利率（%）	毛利率（%）
2008年三季报	20.93	15.86	82.87
2008年年报	18.80	18.21	83.25

2008年8月中报收盘价34.02元，买入100股。

2008年10月三季报收盘价31.51元，买入100股，共持有200股。

2009年4月10股送2股派1元，收到股息20元，共持有240股，股息20元。

2010年3月10股送2股派1元，收到股息24元，共持有288股，股息44元。

2011年4月10股送3股转2股派1元，收到股息28.80元，共持有432股，股息72.80元。

2012年5月10股送1股派0.90元，收到股息38.88元，共持有475股，股息111.68元。

2013年月6月10股送1股派0.80元，收到股息38元，共持有523股，股息149.68元。

2014年6月10股送1股派0.90元，收到股息47.07元，共持有575股，股息196.75元。

2015年5月10股送2股转1股派1元，收到股息57.50元，共持有748股，股息254.25元。

2016年6月10股送2股派1元，收到股息74.80元，共持有898股，股息329.05元。

2017年5月10股送2股派1.35元，收到股息121.23元，共持有1 078股，股息450.28元。

2018年5月，10股送2股转1股派1.30元，收到股息140.14元，共持有1 401股，股息590.42元。

2019年3月，10股送2股派2.20元，收到股息308.22元，共持有1 681股，股息898.64元。

在2008年8月与10月中报和三季报公布时买入，总成本6 553元，共收回股息898.64元，由开始持有的200股，已拆分为1 681股。平均每股成本为3.36

元，2019年12月19日收盘价为84.86元，共盈利137 001.5元。11年间平均收益率为24.23%。

6.4 引申指标：隐藏的费用

投资收益是一项隐藏在主营业务中的收益，如果其数额较小，则无所谓是否扣除；如果数额过大，则要考虑公司主营业务是否是股权投资，如果不是，就像吉林敖东与辽宁成大一样，便不能将它算在主营业务的利润中。

非经常性收益，如出售业务、出售公司资产、出售金融资产所得的进项，必须从收益中剔除。买入股票前，要专门考查企业的经营性、经常性的收益，也就是通常说的稳定收益。

还有一些剔除性不那么强但需要调整的收益，也需要注意到。

6.4.1 调整存货制造收益

如果存货的价格是1 000元，售出存货后，盈利100元，则利润率为10%。如果将存货价格下调至800元，货还是那些货，售出存货后就变成了盈利300元，利润率则达到37.50%。

存货的价格变化写在资产负债表里。调低了存货的价格，也只是调低了资产负债表中的总资产。问题就出在这儿。

平时基本上只关注企业的盈利能力，却经常忽视了资产负债表。仅调整了一下存货的价格，盈利能力就上升了27.50%。因此在查看利润表的同时，一定要注意存货是否有价格上的调整，要与资产负债表对照着看。

6.4.2 闲置厂房

厂房涉及企业的经营性成本，假如只使用一间厂房，就可以满足生产量，那么就不必使用第二间厂房。一般财务做报表时，固定资产方面的成本就只计算一间厂房的成本。可是厂房和厂房中的设备，即便不使用，也会产生维护费用，这也是要计入费用的，那么是否应将闲置的厂房或设备产生的费用也从收益中扣除呢？

几乎所有资产都在不停地贬值，包括现金。如果资产利用率再低一些，贬值的速度就更快了。闲置资产基本上等同于沉重的长期负债。

格雷厄姆的建议是，闲置的厂房产生的费用属于非经常性的费用，可以不在收益中扣除。他的思路是，因为今年闲置的资产不等于一直闲置，以后还会再次启用，所以这不是经常性的。但还应该补充一条，如果闲置的资产确实很长时间都没有启用（关于这些信息，可以从企业的财务报表中的附注中找到），那么其产生的费用就是经常性的费用了。这种情况下，就必须从收益中扣除这部分费用。

当然最好的情况是确定这些资产真的用不上以后，尽快把它处理掉。企业想要做好资产调配的工作，还真的需要一个好管家。

6.4.3 递延费用

费用就不用解释了，那什么是递延呢？就是一次交出的费用，当年使用不完，需要很长时间才能使用完。递延费用也可以理解为长期摊销费用。就像固定资产不是一年折旧完的，它需要长期摊销一样。

例如，有些企业给董事长、CEO一次性支付10年的工资。高管工资属于管理费用，按照规定，这10年的工资要按10年摊销到管理费用当中。

这里面分两种情况，一种情况是有些企业一次性摊销到一年中，那么第一年的费用就会特别高，当期的收益就会变低，从而随后的几年中，收益增高；另一种情况是高管工资根本不计入利润表中的管理费用科目，而计入一种叫作特殊费用的科目。利润表中没有这笔钱，那么正常的费用中也就少了这笔钱，当期收益就不会计算这笔钱，收益就会变高。

如果这类递延费用"不走寻常路"，就要格外当心，细读财务报表，才能发现问题。

6.4.4 债券折价摊销

企业为了获得资金，通常会以低于票面价值的价格发行债券。折价部分的损失是融资成本的一部分，也就是利息负担的一部分，应该在债券的发行期内将其进行摊销。企业做表时往往会将其计入资产负债表，而不计入利润表，这部分的费用也在无形中被湮没了。

包括前面讲的每股收益的部分，也应扣除每股收益中的非经常性收益，再加上本应该计入利润表的各种隐形的费用，关于收益我们至少有以下 9 点需要注意。

（1）出售固定资产的利润或亏损。

（2）出售有价证券的利润或亏损。

（3）清偿资本负债的折价或溢价。

（4）人寿保险单收入。

（5）退税及其利息。

（6）来自诉讼的收益或损失。

（7）存货的非常减计。

（8）应收账款的非常减计。

（9）维持非经营性资产的费用。

总之，每股收益非常重要，不止一次讲过，目前的股票估值方法，绝大部分是以每股收益或每股自由现金流来计算的，其中每股收益的模型多于每股自由现金流。

华尔街的权益估值模型如下。

$$股票价格 = 每股收益 \times 质量系数$$

在格雷厄姆的买入方法中，股票价格等于 7～10 年的平均每股收益再乘以 8 或 10（质量系数）。股票价格的预估，在最后一步只有两个要素，其中一个就是每股收益。因此每股收益的必要性值得反复强调。

第 7 章

扣除成本和费用后谁更赚钱：营业利润率

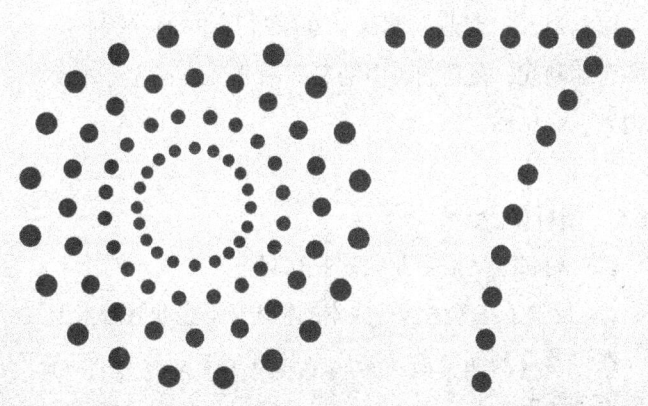

在前面几章中，我们是按照利润表的顺序逐一阐述利润表中每个重要的子项。利润表大致可以分为三个部分：营业利润、利润总额和净利润。以下介绍利润表中的第一部分——营业利润。

7.1 指标解析：包括成本与费用的综合盈利能力

顾名思义，营业利润就是专指与营业有关的利润，与营业无关的利润都不能叫营业利润。在利润表中的第二部分，加入营业外收入，减去营业外成本后，可得到利润总额。

7.1.1 指标概念

营业利润率是指企业的营业利润与营业收入的比率。它是衡量企业经营效率的指标，反映了在考虑营业成本的情况下，企业管理者通过经营获取利润的能力。

在讲营业利润率前，要先来计算一下营业利润。在利润表中的第一部分，计算方法如下。

营业收入

减：营业成本

　　财务费用

　　研发费用

　　管理费用

　　销售费用

税金及附加（原为"营业税金及附加"）

资产减值损失

加：公允价值变动收益

投资收益

其他收益

营业收入、营业成本、财务费用、研发费用、管理费用、销售费用等前文已经介绍过，所谓税金及附加，是由 5 种税款构成，分别为：消费税、资源税、城市维护建设税和教育费附加。

所谓资产减值损失是指因资产的账面价值高于其可收回金额而造成的损失。例如，我手中有一台二手计算机，在个人资产账面上，它值 1 000 元，但市场上对于二手计算机并不看好，像这样的计算机最多价值 700 元。我的计算机账面价值高于实际回收的价值 300 元，所以资产减值损失为 300 元。

所谓公允价值变动收益，是以公允价值计量且其变动计入当期损益的交易性金额资产的一个科目。在资产负债表中，交易性金融资产的公允价值与其账面价值的差额需要计入当期损益。对于交易性金融资产的公允价值变动收益，可以将它理解成，在业余时间炒股票，无论赚了还是亏了，都要将数额记在这个科目里。

7.1.2 指标公式

营业利润的计算方法，可以直接从利润表中看到。利润表就像流水账，进多少，出多少，一笔一笔按顺序记录，线性逻辑清楚。

营业利润＝营业收入－营业成本－财务费用－研发费用－管理费用－销售费用－
税金及附加－资产减值损失＋公允价值变动收益＋投资收益

营业利润率＝营业利润÷营业收入

7.1.3 意义与作用

前面所说的毛利率，是考查企业营业成本与营业收入之间的关系。三大费用占比，是考查企业三大费用与营业收入之间的关系。而营业利润率将这三者放在一起，考查在综合了成本与费用方面后，哪个企业的盈利能力更强。

因此在同类企业中，如果无法判断谁的盈利能力更强，可以将营业利润放在一起进行比较。表 7.1 所示为酒鬼酒股份有限公司（以下简称"酒鬼酒"）和宜宾五粮液股份有限公司（以下简称"五粮液"）2013年至2018年的营业利润率数据。将表中的数据做简单的对比就能看出酒鬼酒的盈利能力比五粮液差。如果要比较问题出现在哪里，就要进入下一层面进行对比，查看它们的成本和三大费用。

表7.1 酒鬼酒和五粮液的营业利润率数据

时间	酒鬼酒			五粮液		
	营业利润（亿元）	营业收入（亿元）	营业利润率（%）	营业利润（亿元）	营业收入（亿元）	营业利润率（%）
2013年	0.08	6.85	1.17	114.32	247.19	46.25
2014年	-1.48	3.88	-38.14	80.32	210.11	38.23
2015年	0.96	6.01	15.97	82.46	216.99	38.00
2016年	1.12	6.55	17.10	92.37	245.44	37.63
2017年	2.29	8.78	26.08	133.75	301.87	44.31
2018年	2.95	11.87	24.85	187.18	400.30	46.76

表7.2所示为2013年至2018年酒鬼酒和五粮液的营业成本与三大费用占比数据。通过表中的数据对比来看，五粮液的成本普遍略高于酒鬼酒，但酒鬼酒的三大费用远远高出了五粮液，2014年酒鬼酒的三大费用占比高达77.45%。因此五粮液的盈利能力比酒鬼酒强，并不是因为其成本控制具有优势，五粮液的成本控制反而略有劣势，原因在于费用控制。如果想进一步了解三大费用的具体情况，就需要进行具体费用的对比。

表7.2 酒鬼酒和五粮液的营业成本与三大费用占比数据

时间	酒鬼酒		五粮液	
	营业成本占比(%)	三大费用占比(%)	营业成本占比(%)	三大费用占比(%)
2013年	28.91	55.74	26.74	19.50
2014年	40.21	77.45	27.47	27.12
2015年	29.62	37.32	30.80	22.92
2016年	25.04	39.30	29.80	24.74
2017年	22.10	36.67	27.99	16.57
2018年	21.15	39.34	26.20	12.78

对比三大费用的细节，表 7.3 所示为 2013 年至 2018 年酒鬼酒和五粮液的管理费用、销售费用、财务费用占比数据。从表中的数据可以看出，两家企业财务费用都为负值，但五粮液的绝对值更大。酒鬼酒的管理费用和销售费用都比五粮液要高，可见酒鬼酒的销售能力和管理能力比五粮液差。因此就可以通过这样一步一步地比较，来找出一个企业营业能力的问题所在。

表 7.3 酒鬼酒和五粮液的三大费用占比数据

时间	酒鬼酒			五粮液		
	管理费用占比（%）	销售费用占比（%）	财务费用占比（%）	管理费用占比（%）	销售费用占比（%）	财务费用占比（%）
2013 年	16.79	39.42	-0.47	9.16	13.68	-3.35
2014 年	29.12	48.97	-0.64	9.74	20.51	-3.13
2015 年	16.81	20.63	-0.12	9.83	16.47	-3.38
2016 年	14.20	25.19	-0.09	8.74	19.13	-3.12
2017 年	13.44	23.35	-0.11	7.52	12.01	-2.95
2018 年	11.12	29.15	-0.93	6.06	9.44	-2.71

我们不仅可以对毛利率高、附加值高的企业进行对比，还可以对毛利率低、附加值低的企业进行对比，因为营业利润率不涉及总资产周转率的问题。为什么这么说呢？因为同类企业的定位基本相同，所以毛利率很低的企业，总资产周转率通常都比较高，这两大因子的走向是相同的。因此对比营业利润率时，默认为总资产周转率基本相同，那么剩下的，就是比较营业利润率的问题了。

表 7.4 所示为 2013 年至 2018 年合肥百货与大连友谊(集团)股份有限公司(以下简称"大连友谊")的营业利润率对比。从表中的数据可以看出，同为零售企业，受电商发展的冲击，它们的营业利润率下降得很快。但对比趋势，大连友谊下降得更快，并且在 2015 年出现了亏损，营业利润率达到了 -12.38%。2018 年亏损扩大，营业利润率达到 -39.12%。实体店铺的营业利润率下降得如此快，如果企业不转型，将会受到更大的冲击。

表7.4 合肥百货和大连友谊的营业利润率数据

时间	合肥百货			大连友谊		
	营业利润（亿元）	营业收入（亿元）	营业利润率（%）	营业利润（亿元）	营业收入（亿元）	营业利润率（%）
2013年	6.10	99.10	6.16	3.45	36.32	9.50
2014年	5.89	99.72	5.91	2.04	35.97	5.67
2015年	4.49	97.65	4.60	-3.46	27.94	-12.38
2016年	4.78	97.36	4.91	0.77	19.27	0.04
2017年	4.30	103.90	4.14	0.08	18.43	0.43
2018年	4.49	106.82	4.20	-4.26	10.88	-39.15

我们不但可以利用营业利润率来对比两个同类型的企业中哪一家更好，还可以利用它来分析行业的走势。

7.2 需要注意的问题：投资收益不属于主营业务收益

因为营业利润不但包含了营业成本、三大费用，也包含了资产减值损失、公允价值变动收益和投资收益，所以营业利润率还包含了很多注意不到的项目。

如投资收益，在第6章中举的恒瑞医药和辽宁成大的例子，如果投资收益不作为企业主营业务收益，需要将投资收益从利润中扣除。当然这说的是数额很大的情况下，如果数额非常小，小到可以忽略不计，就真的可以忽略不计了。

表7.5与表7.6所示为2013年至2018年吉林敖东与辽宁成大的营业利润率与扣除投资收益后的营业利润率对比。从表中的数据可以看出，这两家企业的营业利润过度依赖投资收益，主营业务利润率很低，有时甚至为负值。因此在分析企业利润时，要注意这一点。

表 7.5 吉林敖东的营业利润率与扣除投资收益后的营业利润率

时间	营业利润（亿元）	投资收益（亿元）	扣除后营业利润（亿元）	营业利润率（%）	扣除后营业利润率（%）
2013 年	11.25	9.31	1.94	57.49	9.91
2014 年	14.21	10.72	3.49	63.44	15.58
2015 年	25.55	22.40	3.15	109.42	13.49
2016 年	16.31	13.15	3.16	59.59	11.55
2017 年	19.27	14.81	4.46	64.73	14.98
2018 年	9.78	7.21	2.57	29.42	7.73

表 7.6 辽宁成大的营业利润率与扣除投资收益后的营业利润率

时间	营业利润（亿元）	投资收益（亿元）	扣除后营业利润（亿元）	营业利润率（%）	扣除后营业利润率（%）
2013 年	11.34	9.05	2.29	10.97	2.22
2014 年	10.20	10.48	-0.28	11.04	-0.30
2015 年	15.74	20.88	-5.14	17.22	-5.62
2016 年	13.98	16.09	-2.11	15.98	-2.41
2017 年	18.83	20.50	-1.67	13.45	-1.19
2018 年	10.10	8.73	1.37	5.24	0.71

7.3 寻找优质资产：华域汽车与长春一东

华域汽车系统股份有限公司（以下简称"华域汽车"）与长春一东离合器股份有限公司（以下简称"长春一东"），都是以经营汽车零部件为主的企业，一个在上海，一个在吉林。一南一北的汽车零部件企业，具有同类可比性。

华域汽车主营业务为独立供应汽车零部件研发、生产及销售。

长春一东主营业务为汽车离合器及液压举升机构等汽车零部件的研发、生产与销售。

7.3.1 数据对比：营业利润率

表 7.7 所示为 2013 年至 2018 年华域汽车和长春一东的营业利润率对比。因为两家企业的投资收益均占营业收入的 1% 左右，所以可以忽略不计。从表中的数据可以看出，华域汽车的营业利润率在除 2018 年外，都高于长春一东。因此对这两家同类型的汽车制造企业来说，华域汽车的盈利能力要强于长春一东。虽然华域汽车的营业利润率有下降的趋势，但总体来说保持了稳定；而长春一东的营业利润率忽高忽低，非常不稳定。图 7.1 所示为华域汽车后复权月线图。

表 7.7　华域汽车和长春一东的营业利润率数据

时间	华域汽车			长春一东		
	营业利润（亿元）	营业收入（亿元）	营业利润率（%）	营业利润（亿元）	营业收入（亿元）	营业利润率（%）
2013 年	70.65	697.55	10.12	0.44	6.67	6.60
2014 年	67.82	739.73	9.17	0.59	6.69	8.82
2015 年	77.08	1 054.99	7.31	0.07	5.10	1.37
2016 年	94.14	1 242.96	7.57	0.31	6.10	5.08
2017 年	103.05	1 404.87	7.34	0.39	7.68	5.08
2018 年	109.66	1 571.7	6.98	0.65	8.87	7.33

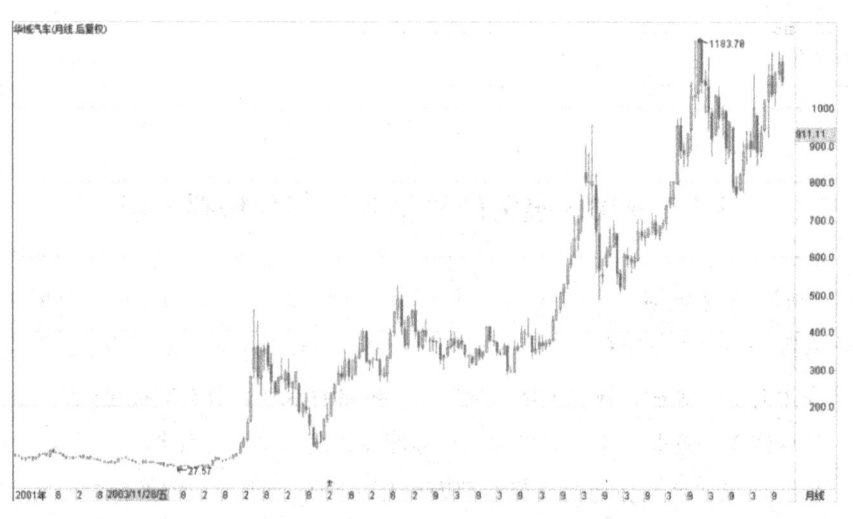

图 7.1　华域汽车后复权月线图

表 7.8 所示为 2013 年至 2018 年华域汽车与长春一东的营业成本与三大费用对营业收入的占比数据。从表中的数据可以看出，华域汽车的营业成本占比更高，高出长春一东 15% 左右。但其三大费用占比却比长春一东低 15% 左右，两两相抵。因此无法从成本和费用中寻找到华域汽车在盈利能力上强于长春一东的原因，需要从投资收益和公允价值变动收益中寻找答案。不过由于这两项的占比并不大，需要进行其他数据的分析。图 7.2 所示为长春一东后复权月线图。

表 7.8　华域汽车与长春一东的营业成本与三大费用对营业收入占比数据

时间	华域汽车		长春一东	
	营业成本占比(%)	三大费用占比(%)	营业成本占比(%)	三大费用占比(%)
2013 年	84.38	8.71	70.76	20.09
2014 年	84.57	9.65	68.16	19.13
2015 年	86.25	8.77	71.37	23.92
2016 年	85.34	9.33	67.54	24.43
2017 年	85.53	9.70	69.01	23.57
2018 年	86.20	9.81	71.25	21.20

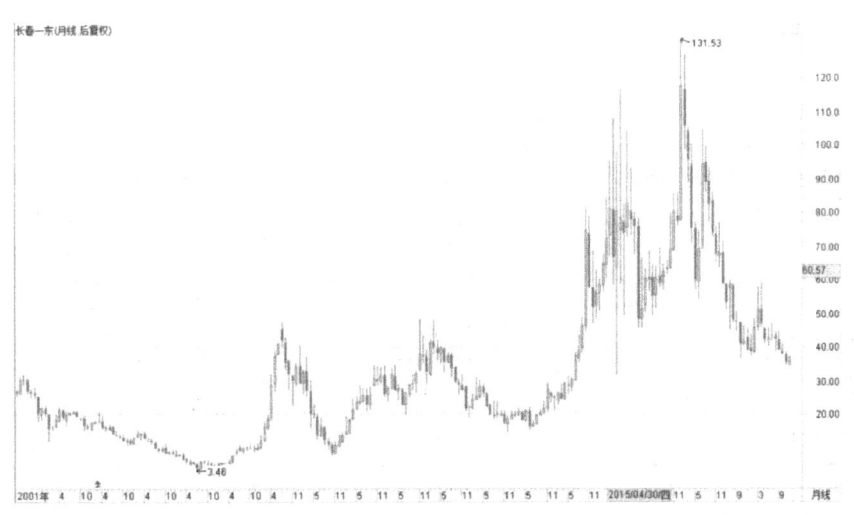

图 7.2　长春一东后复权月线图

7.3.2 杜邦分析：跳跃与稳定的销售净利率

表 7.9 与表 7.10 所示为 2013 年至 2018 年华域汽车和长春一东的杜邦分析数据。从表中的数据可以看出，两家汽车零部件企业的权益乘数相差无几，主要差距在于销售净利率和总资产周转率上。虽然华域汽车的销售净利率不高，但非常稳定；而长春一东的销售净利率忽高忽低，低时仅有 0.22%，高时与华域汽车基本持平。可以看出在盈利能力方面，华域汽车比长春一东更强。

在总资产周转率方面，华域汽车的总资产周转率一直保持在 110% 以上，长春一东的总资产周转率最高时仅有 83.36%。在盈利能力与总资产周转率方面，长春一东呈现双低的态势。因此总体来说，华域汽车比长春一东更优秀。

表 7.9 华域汽车的杜邦分析数据

时间	销售净利率（%）	总资产周转率（%）	权益乘数	净资产收益率（%）
2013 年	4.94	127.46	2.32	14.61
2014 年	6.02	116.97	2.22	15.63
2015 年	4.96	115.95	2.45	14.09
2016 年	4.89	115.50	2.35	13.27
2017 年	4.67	113.87	2.47	13.13
2018 年	5.11	117.57	2.45	14.72

表 7.10 长春一东的杜邦分析数据

时间	销售净利率（%）	总资产周转率（%）	权益乘数	净资产收益率（%）
2013 年	4.40	76.23	2.25	7.55
2014 年	5.76	75.76	2.05	8.95
2015 年	0.22	61.00	2.00	0.27
2016 年	1.99	64.08	2.15	2.74
2017 年	2.34	74.49	2.15	3.75
2018 年	4.06	83.36	2.05	6.94

7.3.3 极简市盈率买入法：华域汽车

华域汽车 2000 年至 2018 年的 7 年平均每股收益与 15 倍长期平均市盈率价格如表 7.11 所示。

表 7.11 华域汽车 7 年平均每股收益与 15 倍长期平均市盈率价格数据

单位：元

时间	7 年平均每股收益	15 倍长期平均市盈率价格
2000 年至 2006 年	0.24	3.60
2001 年至 2007 年	0.22	3.30
2002 年至 2008 年	0.17	2.55
2003 年至 2009 年	0.23	3.45
2004 年至 2010 年	0.35	5.25
2005 年至 2011 年	0.48	7.20
2006 年至 2012 年	0.63	9.45
2007 年至 2013 年	0.79	11.85
2008 年至 2014 年	1.01	15.15
2009 年至 2015 年	1.28	19.20
2010 年至 2016 年	1.45	21.75
2011 年至 2017 年	1.61	24.15
2012 年至 2018 年	1.81	27.15

2008 年 10 月收盘价 2.81 元，买入 100 股。

2010 年 6 月 10 股派 3.242 元，收到股息 32.42 元。

2013 年 4 月收盘价 9.06 元，买入 100 股。共持有 200 股，股息 32.42 元。

2013 年 6 月收盘价 7.80 元，买入 100 股。共持有 300 股，股息 32.42 元。

2013 年 7 月 10 股派 3.70 元，收到股息 111 元，收盘价 7.35 元，买入 100 股。共持有 400 股，股息 143.42 元。

2013 年 8 月收盘价 9.08 元，买入 100 股。共持有 500 股，股息 143.42 元。

2014 年 1 月收盘价 8.85 元，买入 100 股。共持有 600 股，股息 143.42 元。

2014年2月收盘价9.09元，买入100股。共持有700股，股息143.42元。

2014年4月收盘价9.31元，买入100股。共持有800股，股息143.42元。

2014年5月收盘价9.59元，买入100股。共持有900股，股息143.42元。

2014年6月收盘价9.78元，买入100股。共持有1 000股，股息143.42元。

2014年7月收盘价11.37元，买入100股。共持有1 100股，股息143.42元。

2015年7月10股派5.20元，收到股息572元。共持有1 100股，股息715.42元。

2015年8月收盘价14.06元，买入100股。共持有1 200股，股息715.42元。

2015年9月收盘价13.74元，买入100股。共持有1 300股，股息715.42元。

2016年1月收盘价13.83元，买入100股。共持有1 400股，股息715.42元。

2016年2月收盘价12.73元，买入100股。共持有1 500股，股息715.42元。

2016年4月收盘价14.94元，买入100股。共持有1 600股，股息715.42元。

2016年5月收盘价14.71元，买入100股。共持有1 700股，股息715.42元。

2016年6月10股派8.10元，收到股息1 377元，收盘价14.01元，买入100股。共持有1 800股，股息2 092.42元。

2016年7月收盘价16.28元，买入100股。共持有1 900股，股息2 092.42元。

2016年8月收盘价15.79元，买入100股。共持有2 000股，股息2 092.42元。

2016年9月收盘价15.75元，买入100股。共持有2 100股，股息2 092.42元。

2016年10月月收盘价16.50元，买入100股。共持有2 200股，股息2 092.42元。

2016年11月收盘价16.86元，买入100股。共持有2 300股，股息2 092.42元。

2016年12月收盘价15.95元，买入100股。共持有2 400股，股息2 092.42元。

2017年1月收盘价16.59元，买入100股。共持有2 500股，股息2 092.42元。

2017年2月收盘价16.84元，买入100股。共持有2 600股，股息2 092.42元。

2017年3月收盘价18.21元，买入100股。共持有2 700股，股息2 092.42元。

2017年4月收盘价18.78元，买入100股。共持有2 800股，股息2 092.42元。

2017年5月收盘价19.99元，买入100股。共持有2 900股，股息2 092.42元。

2017年7月收盘价21.35元，买入100股。10股派10元，收到股息2 900元。共持有3 000股，股息4 992.42元。

2017年8月收盘价20.99元，买入100股。共持有3 100股，股息4 992.42元。

2018年4月收盘价22.19元，买入100股。共持有3 200股，股息4 992.42元。

2018年6月收盘价23.72元，买入100股。共持有3 300股，股息4 992.42元。

2018年7月收盘价23.32元，买入100股。10股派10.50元，收到股息3 465元。共持有3 400股，股息8 457.42元。

2018年8月收盘价20.43元，买入100股。共持有3 500股，股息8 457.42元。

2018年9月收盘价22.50元，买入100股。共持有3 600股，股息8 457.42元。

2018年10月收盘价17.43元，买入100股。共持有3 700股，股息8 457.42元。

2018年11月收盘价16.95元，买入100股。共持有3 800股，股息8 457.42元。

2018年12月收盘价18.40元，买入100股。共持有3 900股，股息8 457.42元。

2019年1月收盘价20.21元，买入100股。共持有4 000股，股息8 457.42元。

2019年2月收盘价20.75元，买入100股。共持有4 100股，股息8 457.42元。

2019年3月收盘价20.38元，买入100股。共持有4 200股，股息8 457.42元。

2019年4月收盘价23.53元，买入100股。共持有4 300股，股息8 457.42元。

2019年5月收盘价20.08元，买入100股。共持有4 400股，股息8 457.42元。

2019年6月收盘价21.60元，买入100股。共持有4 500股，股息8 457.42元。

2019年7月收盘价23.10元，买入100股。10股派10.50元，收到股息4 725元。共持有4 600股，股息13 182.42元。

2019年8月收盘价24.93元，买入100股。共持有4 700股，股息13 182.42元。

2019年9月收盘价23.50元，买入100股。共持有4 800股，股息13 182.42元。

2019年10月收盘价25.11元，买入100股。共持有4 900股，股息13 182.42元。

2019年11月收盘价25.92元，买入100股。共持有5 000股，股息13 182.42元。

从2008年10月至2019年12月，共买入50笔，总成本83 604元，减去收到的股息13 182.42元，平均每股成本14.08元。2019年12月19日收盘价24.53元，共盈利52 250元。

第8章

借了多少钱：资产负债率

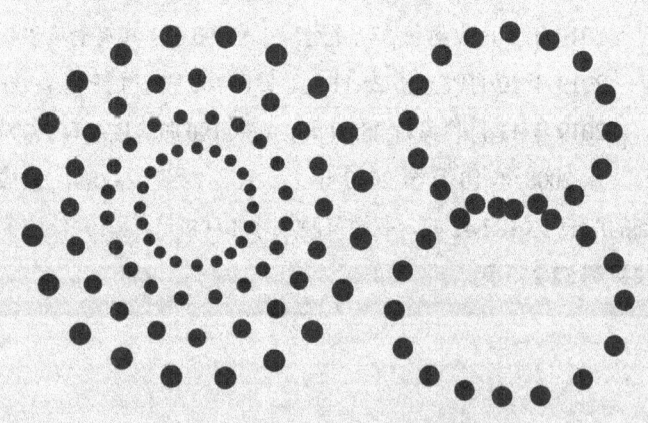

第8章 借了多少钱：资产负债率

几乎没有无负债经营的企业，即使没有长期负债，也会有短期负债。因此偿债能力是企业财务分析，甚至是价值投资无法回避的话题。

负债经营没有对错之分，只是一种手段。如果去做生意，当然希望能借到更多的钱，因为利息大多时候是固定的，而生意的利润却是没有上限的。但是债权人，却希望债务人的负债总额能少一点儿，这样债权人能收回钱款的可能性更高。

负债的应用是一门艺术，可以用负债来撬动杠杆。上一轮"牛市"中，有很多交易者都借用融资工具来提高杠杆，企业的负债经营与交易者的融资并无二致。

资产负债率是考查企业总体偿债能力的重要指标。

8.1 指标解析：借的钱和自己的钱哪个更多

会计学中有一个重要的恒等式：资产＝负债＋所有者权益。如果总资产连房带车、存款、股票、现金共500万元，其中需要偿还贷款200万元，利用这个恒等式可以得出，资产500万元＝负债200万元＋所有者权益300万元。一般情况下，所有者权益也叫作净资产。

企业有两种方法募集资金：一种是从股东手里拿钱，这些钱构成企业的所有者权益，也是企业的净资产，此时资产等于所有者权益；另一种是企业在经营过程中发现钱不够周转了，就要向债权人借钱，此时资产就要分为两部分，一部分为负债，另一部分为所有者权益。

8.1.1 指标概念

资产负债率是期末负债总额除以资产总额得到的百分比,也就是负债总额与资产总额的比例关系。资产负债率反映在总资产中有多大比例是通过借债筹资来的,也可以衡量企业在清算时保护债权人利益的程度。资产负债率反映了债权人所提供的资本占全部资本的比例,也称为举债经营比率。

有些人会想,如果一分钱也不投,全部靠借钱来做生意,这样不是更好吗?好是好,可是这种情况基本是借不到钱的。在生活中,有人愿意把钱借给这样的朋友吗?如果资产负债率过高,债权人无法收回钱款的风险就会非常大,即便债权人愿意借钱,也会收很多的利息,从而使财务费用增加。相反,如果资产负债率很低,偿债压力不大,大家都愿意借钱,而且利息也不高。虽然负债经营能撬动杠杆,但撬动杠杆的成本是不一样的。

杠杆是怎么撬动的?例如,手上有100元,并且赚了100元,此时资金回报率为100%(100÷100)。如果只有50元,再借50元,利息为5元,此时再赚100元。归还欠款50元,从100元的利润中拿出5元,清偿利息,还剩95元利润,资金回报率为190%(95÷50)。因此负债经营有着极大的诱惑力,这也是交易者们在二级市场上融资的动力所在。

但是如果没赚钱呢?债权人不管债务人赚没赚钱,都会要求偿还本利的。因此按第2种情况,不但要归还50元贷款,还要再从自己的50元中拿出5元偿还利息。也就是说无论是赚钱了、没亏没赚,还是亏钱了,债务人总要偿付利息。这就是撬动杠杆的成本。

资产负债率的底层逻辑,衡量的是一个职业经理人会不会灵活地使用杠杆,衡量的是一个企业总体的偿债能力。如果一个企业的资产负债率过高,那么企业在经营过程中,就不能有丝毫的闪失,因为一旦出现亏损,不但不能偿还本金,连支付利息都会很难,企业倒闭的风险也就大大升高了。

8.1.2 指标公式

资产负债率的计算公式是通过恒等式"资产=负债+所有者权益"转变而来的,这三者的关系可以推导出两个公式。

资产负债率=负债总额÷资产总额×100%

产权比率=负债总额÷所有者权益×100%

8.1.3 意义与作用

格雷厄姆在《聪明的投资者》一书中，经常提到资产负债率，根据防御型投资的条件，他建议企业的资产负债率最好在50%以下，也就是企业的总负债不能超过净资产，如果企业亏损，至少还有一部分自有资产可以用于清偿。

资产负债率没有固定的标准，虽然格雷厄姆给的建议是50%以下，但因行业特性不同，各行业之间的资产负债率也不同。例如银行行业，其主营业务是吸纳民间储蓄向企业放贷，左手进右手出，因此银行的净资产非常少、资产负债率非常高。还有房地产行业，需要买地进行开发，大部分的资金都是向银行借来的，其资产负债率也非常高。

我们对这种情况就不能只按50%的标准来判断了，而是应该按行业的标准来判断。但行业的标准又是什么呢？我们也没办法拿到客观的数据，不过还有简便的方法，就是计算行业的平均资产负债率。例如，航空板块的平均资产负债率是60.67%，那么资产负债率高于60.67%的东方航空、南方航空、中国国航就不符合筛选标准，而资产负债率低于60.67%的春秋航空、海南航空、吉祥航空、中信海直还可以进一步考虑。

在市场中有些投资者喜欢投资股票，有些投资者喜欢投资债券，企业发行的债券安全性怎么考量呢？这就需要考查资产负债率了，如果企业的资产负债率过高，该企业发行的债券利率再高，也不能买，因为如果不能偿还本金，再高的利率也只是"画饼"而已。

8.2 需要注意的问题：净资产全军覆没

2019年12月19日的统计数据显示，在沪深两市3 000多家企业中，有2 402家达到了资产负债率低于50%的筛选标准，有37家企业的资产负债率大于100%。也就是说这37家企业的投资者，已经没有自有资产了，企业的全部资产都是负债。资产负债率高于100%的情况，是指股东自己的钱为负数，即使将企业全部卖出，都无法偿还全部负债。表8.1所示为资产负债率最高的7家公司的资产负债率与所有者权益数据。

表 8.1　7 家资产负债率高于 100% 企业数据

证券简称	资产负债率（%）	所有者权益（万元）
*ST 毅达（600610）	1 901.22	-4.83
*ST 保千（600074）	864.68	-52.79
*ST 巴士（002188）	662.09	-6.66
*ST 欧浦（002711）	456.97	-25.35
*ST 龙力（002604）	372.42	-35.47
暴风集团（300431）	282.99	-6.58
乐视网（300104）	273.24	-137.27

在杜邦分析中，权益乘数可以反映负债问题。一般权益乘数的计算公式为：1÷（1- 资产负债率），这样看起来很难理解其底层逻辑，可以将权益乘数公式转换一下。

权益乘数

=1÷（1- 资产负债率）

=1÷（1- 负债总额 ÷ 资产总额）

=1÷（资产总额 ÷ 资产总额 - 负债总额 ÷ 资产总额）

=1÷（（资产总额 - 负债总额）÷ 资产总额）

=1÷（所有者权益 ÷ 资产总额）

= 资产总额 ÷ 所有者权益

通过公式的转换可以得知，权益乘数表明资产是所有者权益的多少倍。这个比值越高，说明所有者权益在资产中占的比例越小，也就是负债在资产中占的比例越大。负债越多，权益乘数越大，偿债压力也就越大。

虽然企业是否盈利是我们重点关心的问题，但如果企业资不抵债，或者周转困难，必须要在影响生产效率的前提下，才能偿清负债，那么就会使企业的盈利能力大打折扣。因此企业的偿债能力，是盈利能力的保障。

表 8.2 所示为上海中毅达股份有限公司（证券简称"*ST 毅达"）2013 年至 2018 年财务费用对比数据。从表中的数据可以看出，近 6 年 *ST 毅达资产负债率基本上逐年上涨，因此 *ST 毅达想要走上正常经营的道路需要很久，不仅要

提高盈利能力，还需要很长一段时间来解决债务问题。

表8.2 *ST毅达财务费用对比数据

时间	资产负债率（%）	营业收入（亿元）	营业成本（亿元）	毛利润（亿元）	财务费用（亿元）
2013年	74.95	0.85	0.87	-0.02	0.03
2014年	12.00	0.70	0.67	0.03	0.06
2015年	6.68	0.67	0.53	0.14	0.06
2016年	31.81	6.08	5.28	0.80	0.01
2017年	91.88	0.31	0.33	-0.02	0.02
2018年	1 879.04	0	—	—	0.14

一般而言，财务费用特别高的企业，其资产负债率就会特别高，会在一定程度上影响其盈利能力。一旦遇到这样的企业，不要急着去投资，缓一缓，等该企业的资产结构调整合理后再来关注。

8.3 寻找优质资产：华兰生物与海王生物

华兰生物工程股份有限公司（以下简称"华兰生物"）与深圳市海王生物工程股份有限公司（以下简称"海王生物"）皆为生物制药企业，这类企业进行研发需要大量资金，而这些投入有可能一无所获，那么使用自有资金研发与举债研发，就有了本质的差别。

华兰生物的主营业务为人血白蛋白、静注丙球、疫苗、其他血液制品等的生产和销售。

海王生物的主营业务为生物制品、生化制品、海洋药物、海洋生物制品、中成药的生产、销售。

8.3.1 数据对比：资产负债率

表8.3与表8.4分别是2013年至2018年华兰生物与海王生物的资产负债率

相关数据。从表中的数据可以看出，虽然华兰生物有负债，但资产负债率非常低，并且财务费用大多为负值，也就是说负债并没吞噬毛利润；海王生物的资产负债率常年为 80% 左右，企业的大部分资金皆为负债，杠杆非常高。但是只要能持续盈利，利用杠杆也无可厚非，这就要考验管理者的经营能力了。

表 8.3　华兰生物的资产负债率相关数据

时间	资产负债率（%）	营业收入（亿元）	营业成本（亿元）	毛利润（亿元）	财务费用（亿元）
2013 年	9.13	11.18	4.39	6.79	-0.28
2014 年	3.55	12.43	4.74	7.69	-0.20
2015 年	3.41	14.72	6.19	8.53	-4.47
2016 年	4.62	19.35	7.64	11.71	-0.16
2017 年	7.23	23.68	8.90	14.78	-0.07
2018 年	11.10	32.17	11.27	20.9	0.01

表 8.4　海王生物的资产负债率相关数据

时间	资产负债率（%）	营业收入（亿元）	营业成本（亿元）	毛利润（亿元）	财务费用（亿元）
2013 年	76.46	79.93	67.83	12.10	1.63
2014 年	81.49	98.02	83.72	14.30	1.89
2015 年	83.21	111.18	94.89	16.29	2.18
2016 年	64.72	136.06	115.82	20.24	1.61
2017 年	79.05	249.40	213.44	35.96	3.18
2018 年	82.69	383.81	333.40	50.41	9.04

8.3.2　杜邦分析：杠杆高、风险高

一般情况下，杜邦分析的三大因子中的权益乘数不应过高，最好不要超过 2，当然特殊行业除外。其余的两大因子销售净利率和总资产周转率，正常情况下是"一高一低"或"一低一高"，很少会有"双高"的情况出现，但经营不好

的企业，就会出现"双低"的局面。

表 8.5 与表 8.6 分别为 2013 年至 2018 年华兰生物与海王生物的杜邦分析数据。虽然华兰生物的销售净利率不算太高，但也超过了一般企业 30% 的标准线，总资产周转率也并不出色。在这两者平平的情况下，呈现出一种均衡状态，在权益乘数接近 1 的背景下，净资产收益率能节节攀升至近 20%，已经相当了不起了。

表 8.5　华兰生物的杜邦分析数据

时间	销售净利率（%）	总资产周转率（%）	权益乘数	净资产收益率（%）
2013 年	42.49	30.69	1.10	14.34
2014 年	43.28	32.97	1.04	14.84
2015 年	40.01	36.61	1.04	15.23
2016 年	40.31	41.61	1.05	17.61
2017 年	34.67	45.37	1.08	16.99
2018 年	35.44	49.55	1.12	19.67

海王生物的销售净利率不是一般的低，在收入中几乎看不到多少利润，如果想要得到较高的净资产收益率，就需要总资产周转率特别高才行。虽然海王生物的总资产周转率的绝对数值并不低，但相对于如此低的销售净利率来说，就显得不够高了。在这样的销售净利率下，至少要达到 200%～300% 的总资产周转率才算合格。可见海王生物的净资产收益率全靠权益乘数支撑。之前说过，虽然使用杠杆可以增加净资产收益率，但过高的杠杆会为企业带来高风险。

表 8.6　海王生物的杜邦分析数据

时间	销售净利率（%）	总资产周转率(%)	权益乘数	净资产收益率(%)
2013 年	1.46	99.68	4.25	6.19
2014 年	0.24	101.76	5.40	1.32
2015 年	4.27	87.12	5.96	22.17
2016 年	3.07	81.66	2.83	7.09

续表

时间	销售净利率（%）	总资产周转率(%)	权益乘数	净资产收益率(%)
2017 年	2.55	80.81	4.77	9.83
2018 年	1.08	93.32	5.78	5.83

华兰生物上市首日开盘价 29.20 元，至 2019 年 12 月 19 日后复权收盘价 943.59 元，15 年增长到开盘价的 32.31 倍；海王生物上市首日开盘价 20.36 元，至 2019 年 12 月 19 日后复权收盘价 70.21 元，20 年增长到开盘价的 3.45 倍。其中差距可见一斑。

海王生物与华兰生物为同类型企业，海王生物差在什么地方？海王生物的毛利率常年为 15% 左右，而华兰生物的毛利率为 60% 左右。假设两家企业的三大费用占比相同，那么华兰生物的利润率就要比海王生物的利润率高出 45% 左右。图 8.1 所示为华兰生物后复权月线图。

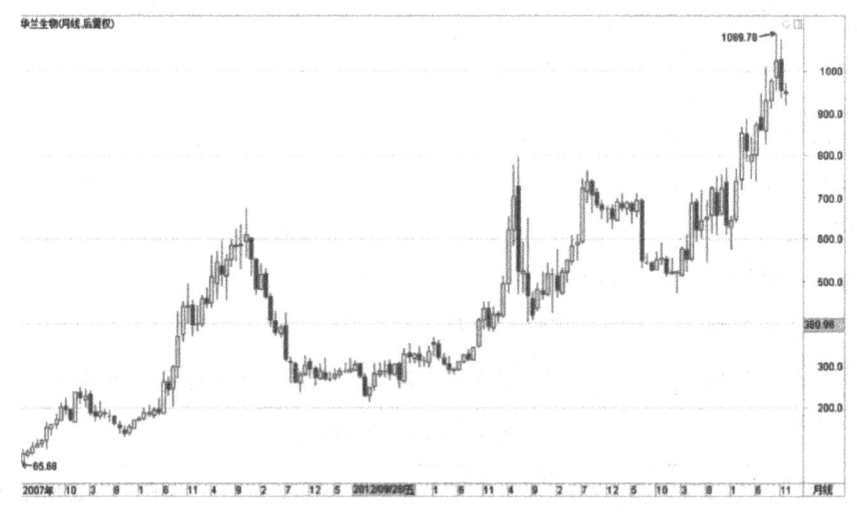

图 8.1　华兰生物后复权月线图

如果海王生物选择低毛利率的路线，那么就要提高企业的总资产周转率来弥补低毛利率的缺陷，也就是达到前面提到的"一高一低"或"一低一高"的情况。而海王生物出现"双低"状况，就无法完成高增长的任务了。企业已定位，但总资产周转率没跟上，这也是海王生物相对差一点儿的原因。图 8.2 所示为海王生物后复权月线图。

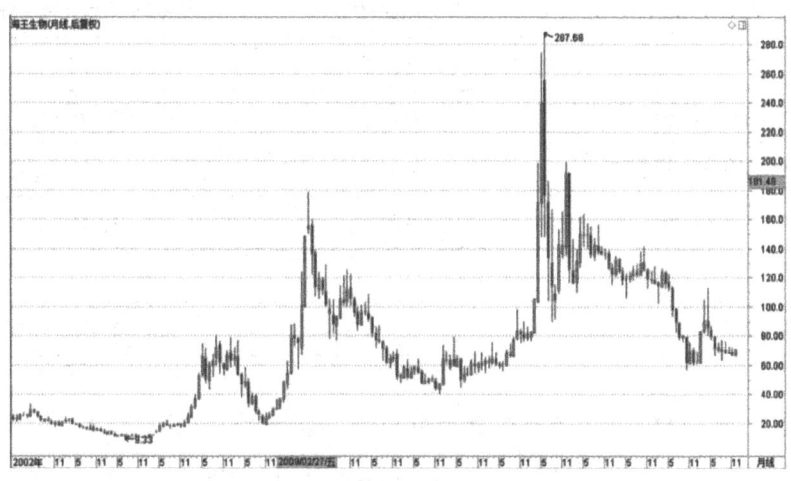

图 8.2　海王生物后复权月线图

8.3.3　大规模普跌背景下买入华兰生物

表 8.7 所示为华兰生物 7 年平均每股收益与 15 倍长期平均市盈率价格数据。从表中的数据可以看出，根据股价低于 15 倍长期平均市盈率价格的买入法，我们是无法买入华兰生物的，其一直没有给出足够的低价机会。如果一只股票的价格一直处于 15 倍长期平均市盈率价格之下，说明这只股票是一只十分难得的股票，所以还得合理运用在股票回调时买入的策略。

表 8.7　华兰生物 7 年平均每股收益与 15 倍长期平均市盈率价格数据

单位：元

时间	7 年平均每股收益	15 倍长期平均市盈率价格
2001 年至 2007 年	0.56	8.40
2002 年至 2008 年	0.64	9.60
2003 年至 2009 年	0.79	11.85
2004 年至 2010 年	0.82	12.30
2005 年至 2011 年	0.81	12.15
2006 年至 2012 年	0.81	12.15

续表

时间	7年平均每股收益	15倍长期平均市盈率价格
2007年至2013年	0.88	13.20
2008年至2014年	0.93	13.95
2009年至2015年	0.95	14.25
2010年至2016年	0.83	12.45
2011年至2017年	0.81	12.15
2012年至2018年	0.89	13.35

该股票在2004年上市，在2005年低点不能介入，因为时间太短，无法评估它的长期稳定性。因此最开始的买入机会，应该在2008年。华兰生物盈利能力数据如表8.8所示。

表8.8 华兰生物盈利能力数据

时间	营业利润率（%）	销售净利率（%）	毛利率（%）
2004年年报	14.02	12.77	30.61
2005年年报	16.62	14.68	32.24
2006年年报	26.76	22.25	38.68
2007年年报	35.90	34.19	52.49
2008年一季报	40.51	26.58	53.78
2008年中报	44.16	38.58	55.05
2008年三季报	42.77	36.31	57.36

2008年8月，华兰生物股价从最高55元下跌到35元，但在2008年中报的数据中，其营业利润率、销售净利率与毛利率都在稳步上升。由此可以判断，股价下跌不是华兰生物本身出了问题，只是外界低估了华兰生物。在2008年8月底以收盘价36元买入。

2008年10月，华兰生物股价下跌至29元。但在当年10月公布的三季报中，三大盈利能力指标，都处于相对稳定的状态。这也可以推断出，这并不是华兰生物的问题，应果断在 2008 年 10 月底，以 30.91 元买入。

2008 年 10 月至 2009 年 3 月，华兰生物的股价从 29 元上涨到 46.49 元，在 2009 年 5 月下跌至 25.50 元。不过这次下跌有除权的成分，10 股转 6 股派 2 元，对股价进行复权处理后发现华兰生物 2009 年 5 月股票最低价为 41 元（25.50×1.60+0.20），并未下跌多少，因此不必在意。

2008 年的两次操作和后续情况如下。

2008 年 8 月，36 元买入 100 股。

2008 年 10 月，30.91 元买入 100 股，共持有 200 股。

2009 年 5 月，10 股转 6 股派 2 元，收到股息 40 元。共持有 320 股，股息 40 元。

2010 年 5 月，10 股送 6 股派 3 元，收到股息 96 元。共持有 512 股，股息 136 元。

2011 年 6 月，10 股派 3 元，收到股息 153.60 元。共持有 512 股，股息 289.60 元。

2012 年 7 月，10 股派 1.20 元，收到股息 61.44 元。共持有 512 股，股息 351.04 元。

2013 年 6 月，10 股派 1 元，收到股息 51.20 元。共持有 512 股，股息 402.24 元。

2014 年 6 月，10 股派 4 元，收到股息 204.80 元。共持有 512 股，股息 607.04 元。

2015 年 5 月，10 股派 6 元，收到股息 307.20 元。共持有 512 股，股息 914.24 元。

2016 年 6 月，10 股送 6 股派 4 元，收到股息 204.80 元。共持有 819.20 股，股息 1 119.04 元。

2017 年 6 月，10 股派 4 元，收到股息 327.68 元。共持有 819.20 股，股息 1 446.72 元。

2018 年 6 月，10 股派 3 元，收到股息 245.76 元。共持有 819.20 股，股息 1 692.48 元。

2019 年 6 月，10 股送 5 股派 4 元，收到股息 327.68 元。共持有 1 228.80 股，股息 2 020.16 元。

2008 年 8 月至今，只简单地进行了两次交易。但在股价运行的过程中，有很大的起伏。在每一次股价下跌时，都要看一眼财务报表，查看一下华兰生物是否是企业本身出现了问题。如果答案是否定的，只要出现低价，就是买入的时机。因此在 2012 年或 2015 年，还有很多这样低价买入优质资产的机会。

只计算 2008 年两次买入的结果，两次买入总成本 6 691 元，减去收到的股息 2 020.16 元，平均每股成本为 23.35 元。2019 年 12 月 19 日收盘价 33.18 元，共获利 1 965.16 元。

8.4 引申指标：产权比率

由恒等式"资产＝负债＋所有者权益"，可以变换出另一个指标：产权比率。产权比率是负债总额与所有者权益总额的比率，是用于评估资金结构合理性的一种指标。

资产负债率是以负债总额作为分子，资产总额作为分母。产权比率分子不变，分母变为所有者权益。

产权比率 = 负债 ÷ 所有者权益 ×100%

记住产权比率的公式并不是特别难，因为可以从资产负债率推导出产权比率。例如，某企业的资产负债率为20%，那么产权比率为25%，其推导过程如下。

资产负债率 =20÷100

负债 ÷ 资产 =20÷100

资产 =5× 负债，套入"资产 = 负债 + 所有者权益"中。

5× 负债 = 负债 + 所有者权益

负债 ÷ 所有所权益 =1÷4=25%

因为在已知资产负债率为20%的情况下，通过简单运算，或者直接观察，都可以大概计算出产权比率，所以产权比率的重要性不太大。产权比率越低，说明企业的负债对于所有者权益来说，占比越小，企业的偿债压力越小。与华兰生物相比，海王生物的利息支出更大，因此其偿债压力也更大，如表8.9所示。

表8.9 华兰生物与海王生物的产权比率

时间	华兰生物产权比率（%）	海王生物产权比率（%）
2013 年	10.06	324.74
2014 年	3.69	440.21
2015 年	3.53	495.52
2016 年	4.85	183.46
2017 年	7.79	377.25
2018 年	12.47	477.71

第9章

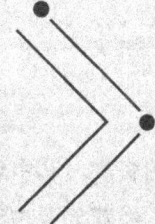

短期偿债压力:
流动比率

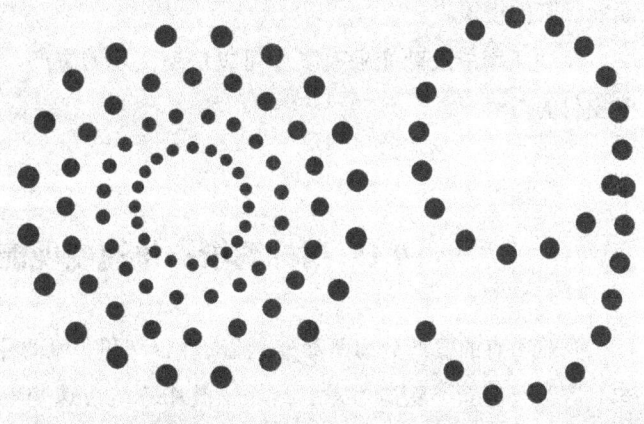

如果企业要维持日常运营，必须要有足够的可以快速变现的资产，其中最直接的就是现金。现在的时代不是以物易物的时代，企业的正常经营需要进行交换，那么交换所必需的是现金，而不是其他物品。虽然以物抵债的情况也有，但势必要折价相抵，不如直接用现金划算。

有不少人都玩过《大富翁》系列游戏。游戏中无论玩家有多少地、多少商铺、多少股票，只要现金和银行存款不足，企业就会立即倒闭。这就是游戏对真实企业经营的模拟。

流动比率能反映企业有多少可以快速变现的资产，反映企业是否能应付日常支付的需要。

9.1 指标解析：快速变现能力

企业所有的资产分为两部分：流动性资产和非流动性资产。例如，资产有房、车、家具、股票、银行存款、现金，其中不能快速变现的房、车、家具就是非流动性资产，而能快速变现的，如现金，甚至直接以现金形式存在的股票、银行存款就是流动资产。

9.1.1 指标概念

企业的资产分类当然要比家庭资产更复杂，不过能在资产负债表中找到这些分类。

流动资产包括货币资金、交易性金融资产、应收票据、应收账款、预付款项、应收利息、应收股利、其他应收款、存货、一年内到期的非流动资产等。

再回头来看自己的资产，如果房和车并不是全款购买的，每个月要还贷；现金也并不全是自己的，有一部分是借来的。那么总资产中就包含着一部分的负债，假设1年内要还清的贷款是10万元，10年内要还清的贷款是100万元，那么1年内的贷款称为流动负债，1年以上的贷款称为非流动负债。

企业在经营过程也会遇到负债的情况，如先拿货后付款，或是收了别人的预付款而尚未发货，或是借了银行1年期以内的短期贷款，这些都属于流动负债。企业的流动负债数据，也可以在资产负债表中找到。

流动负债包括短期借款、交易性金融负债、应付票据、应付账款、预收款项、应付职工薪酬、应交税费、应付利息、应付股利、其他应付款、1年内到期的非流动负债。

流动比率是指流动资产与流动负债的比率，用来衡量企业在短期债务到期前，流动资产可以变为现金用于偿还债务的能力。一般来说，流动比率越高，说明企业资产的变现能力越强，短期偿债能力也就越强；反之则越弱。一般认为流动比率应为2以上，表示流动资产是流动负债的两倍，即使流动资产有一半在短期内不能变现，也能保证全部的流动负债得到偿还。

9.1.2 指标公式

流动比率的计算需要流动资产与流动负债数据，这两组数据，都可以直接从资产负债表中读取。

$$流动比率 = 流动资产 \div 流动负债$$

根据流动比率，还可以延伸出两个考量短期偿债能力的指标。

$$速动比率 =（流动资产 - 存货）\div 流动负债$$

$$现金比率 =（货币资金 + 交易性金融资产）\div 流动负债$$

9.1.3 意义与作用

流动比率的底层逻辑是考查可以快速变现的流动资产，能覆盖多少近期将要偿还的负债。就像今年必须要偿还10万元，要看手里能快速变现的资产能否达到10万元，如果达不到，就要借新债拆东墙补西墙，或者折价变卖非流动性资产（如车、房）来偿还。

如果企业沦落到要变卖非流动性资产来偿还短期负债的境地，它的日常经营势必会受到影响，或者业绩下滑，或者财务费用升高。而企业一旦出现这种捉襟见肘的情况，被市场曝光，股价必将下跌。或者反过来推导，流动比率很高，说明企业的正常经营不会受影响，进而不会因为这一问题而使股价下跌。

流动比率的值，最好达到2以上。因为企业不仅要应付清偿短期债务的问题，还要进行日常经营。因此不能将全部的钱都用来还债，还要有一部分剩余资金。流动比率等于2算是一条中位线，流动比率当然是越高越好。

格雷厄姆在《聪明的投资者》一书中，为防御型投资者提了7条建议，其中一条就与流动比率相关，要求企业流动比率必须大于2。据2019年12月20日的有关统计，沪深两市3 000余只股票，只有1 444家符合流动比率大于2的要求，这就有一半的股票被筛选出去了，这样的话打击面是不是太广了呢？

格雷厄姆在《聪明的投资者》一书中，还给出了积极型投资的建议，其中对流动比率的要求做了一些修正，只要流动比率大于1.5即可，算是让了一大步。在2019年12月20日有关统计中，沪深两市共有2 160家企业达到这一要求。

9.2 需要注意的问题：存货与应收账款并不能快速变现

只关注流动比率的值就够了吗？还差得很远。流动比率的分子包括很多项目，其中：货币资金自不必说，它本身就是以现金形式存在的；交易性金融资产，是指企业持有的股票或债券，只要证券市场没有太大的负面波动，多半可以快速变现；应收票据，是指企业到期即可回收的现金。

但其他项目的变现能力就得具体分析了，尤其是应收账款和存货。应收账款没有相应的担保，对方企业违约十分常见，应收账款的坏账率高，回收周期也长，因此它的变现能力也比较差；存货是指企业尚未出售的产品或原材料，如果企业遇到公关危机，销售业绩大幅下滑，产品积压卖不出去，那么存货的价值相当于零，因此存货的变现能力也是比较差的。

因此在考查企业的流动比率的同时，不应当只考查它的值，还要从细节方面入手，需要再考虑应收账款和存货在流动资产中的占比。

如果流动比率小于1,是不是企业就不能正常经营了?当然不是,只是这样的企业周转起来会更困难,其营运效率自然就比流动比率高的企业差很多。因此筛选股票时,无论采用哪种量化方法,流动比率这一项指标都不能小于1.5。

我们来对比一下贵州茅台与衡水老白干酒业股份有限公司(以下简称"老白干酒")的流动比率。虽然贵州茅台在白酒中属于高端产品,老白干酒属于中低端产品,但作为企业来说,在留有足够的流动资产这一点上是没有任何区别的。

表9.1所示为2013年至2018年贵州茅台和老白干酒流动比率数据。可以看出它们根本不是一个级别的,老白干酒在2015年才达到了流动比率的最低标准,2018年又降回到1.5以下。仅从流动比率这一项数据来对比,贵州茅台就比老白干酒的偿债压力要小得多。

表9.1 贵州茅台和老白干酒流动比率数据

时间	贵州茅台			老白干酒		
	流动资产(亿元)	流动负债(亿元)	流动比率(%)	流动资产(亿元)	流动负债(亿元)	流动比率(%)
2013年	419.321	113.07	3.71	12.02	12.06	1.00
2014年	475.00	105.44	4.50	15.27	15.53	0.98
2015年	650.05	200.52	3.24	20.66	12.45	1.66
2016年	901.81	370.20	2.44	24.76	15.85	1.56
2017年	1 122.49	385.75	2.91	21.27	11.63	1.83
2018年	1 378.62	424.38	3.25	28.72	25.53	1.12

有可能会说,贵州茅台和老白干酒无法比较,他们自身品牌决定了目前的经营情况。其实不然,贵州茅台虽然是高端白酒,价格高,但受众相对于老白干酒要少。反过来看,虽然老白干酒是中低端白酒,但受众更多,销量会比贵州茅台要多。即使不与贵州茅台比较,老白干酒本身的流动比率数据也没有达标。因此这不是品牌问题,而是经营问题。

表9.2所示为2013年至2018年贵州茅台和老白干酒的应收账款与存货流动资产占比数据。从表中的数据可以看出,贵州茅台应收账款对于流动资产的占比几乎常年接近零,同样老白干酒的应收账款占比也并不高,因此这两家企业的回收货款等方面做得都非常好。

表9.2 贵州茅台和老白干酒的应收账款与存货流动资产占比数据

时间	贵州茅台				老白干酒			
	应收账款（亿元）	应收账款占比（%）	存货（亿元）	存货占比（%）	应收账款（亿元）	应收账款占比（%）	存货（亿元）	存货占比（%）
2013年	0.01	0	118.37	28.23	0.37	3.09	11.22	93.34
2014年	0.04	0	149.82	31.49	0.22	1.41	13.94	91.29
2015年	0	0	180.13	27.71	0.19	0.91	12.74	61.67
2016年	0	0	206.22	22.87	0.21	0.84	11.26	45.48
2017年	0	0	220.57	19.65	0	0	10.10	47.48
2018年	0	0	235.07	17.05	0.26	0.91	16.3	56.75

不过在存货方面，老白干酒在2013年至2014年，存货占比都为90%以上，最高时达到93.34%。可以说，老白干酒在这2年中，存货价值基本上就是流动资产价值，直到2016年，存货占比才下降到45.48%。

存货的变现能力并不强，如果产品积压，存货价值可以看作是零，因此在2013年至2014年，老白干酒的偿债风险很大，一旦出现公关危机，短期偿债能力就会大幅下降。回头再看一下表9.1中老白干酒的流动比率数据，可以看到其这几年的流动比率都为1左右，所以如果老白干酒要全部清偿短期负债，就要将存货全部卖出去，但这基本上是不可能的事情。一旦情况有变，老白干酒很可能需要变卖固定资产，因此存货越多，风险就越大。

9.3 寻找优质资产：泸州老窖与老白干酒

我们将两款中低端酒企进行同类比较。

泸州老窖股份有限公司（以下简称"泸州老窖"）主营业务为国窖1573、泸州老窖等系列白酒的研发、生产和销售。

老白干酒主营业务为衡水老白干酒的生产与销售，商品猪及种猪的饲养与销售。

9.3.1 数据对比：流动比率

表 9.3 所示为 2013 年至 2018 年泸州老窖与老白干酒的流动比率数据，泸州老窖的流动比率一直高于老白干酒。

表9.3　泸州老窖与老白干酒的流动比率数据

时间	泸州老窖			老白干酒		
	流动资产（亿元）	流动负债（亿元）	流动比率（%）	流动资产（亿元）	流动负债（亿元）	流动比率（%）
2013 年	60.31	32.18	1.87	12.02	12.06	1.00
2014 年	66.45	33.33	1.99	15.27	15.53	0.98
2015 年	125.32	27.30	4.59	20.66	12.45	1.66
2016 年	149.68	27.76	5.39	24.76	15.85	1.56
2017 年	142.69	43.67	3.27	21.27	11.63	1.83
2018 年	154.94	54.15	2.86	28.72	25.53	1.12

通过表 9.4 的 2013 年至 2018 年泸州老窖和老白干酒的应收账款和存货流动资产占比数据可以看出，泸州老窖的存货占比越来越低，较低的存货比例大大增加了企业短期偿债的能力。企业有了更多的流动资产，可以更灵活地应对突发事件。老白干酒的存货占比总体呈下降趋势，虽然 2018 年占比仍接近 60%，但也在一定程度上降低了偿债风险。

表9.4　泸州老窖和老白干酒的应收账款与存货流动资产占比数据

时间	泸州老窖				老白干酒			
	应收账款（亿元）	应收账款占比（%）	存货（亿元）	存货占比（%）	应收账款（亿元）	应收账款占比（%）	存货（亿元）	存货占比（%）
2013 年	0.10	0.17	24.15	40.04	0.37	3.09	11.22	93.34
2014 年	0.05	0.08	28.27	42.54	0.22	1.41	13.94	91.29
2015 年	0.12	0.10	28.60	22.82	0.19	0.91	12.74	61.67
2016 年	0.04	0.03	25.14	16.80	0.21	0.84	11.26	45.48
2017 年	0.08	0.06	28.12	19.71	0	0	10.10	47.48
2018 年	0.10	0.06	32.30	20.85	0.26	0.91	16.30	56.75

9.3.2 杜邦分析：企业路线不明显

表 9.5 和表 9.6 分别为 2013 年至 2018 年泸州老窖和老白干酒的杜邦分析数据。通过表中的数据对比，可以看出两家酒企的净资产收益率近几年都呈震荡变化趋势。也可以看出，老白干酒的销售净利率仍处于低位，不过有走高的趋势，绝对值如此低的销售净利率必须对应高速的资产运营，但从数据显示，其总资产周转率也并不高。这样的结果使它的净资产收益率一直很低。泸州老窖的销售净利率与总资产周转率都不是特别高，既不"双高"也不"双低"，属于一家中规中矩的企业。图 9.1 所示为泸州老窖后复权月线图，图 9.2 所示为老白干酒后复权月线图。

表 9.5 泸州老窖的杜邦分析数据

时间	销售净利率（%）	总资产周转率（%）	权益乘数	净资产收益率（%）
2013 年	32.96	75.01	1.31	32.39
2014 年	16.44	40.64	1.34	8.95
2015 年	21.35	52.26	1.27	14.17
2016 年	23.22	59.46	1.26	17.40
2017 年	24.61	52.62	1.29	16.71
2018 年	26.70	57.75	1.32	20.35

表 9.6 老白干酒的杜邦分析数据

时间	销售净利率（%）	总资产周转率（%）	权益乘数	净资产收益率（%）
2013 年	3.66	97.09	2.98	10.59
2014 年	2.80	93.98	3.36	8.84
2015 年	3.21	83.34	1.82	4.87
2016 年	4.55	76.09	1.99	6.89
2017 年	6.47	87.81	1.69	9.60
2018 年	9.77	65.40	1.99	12.72

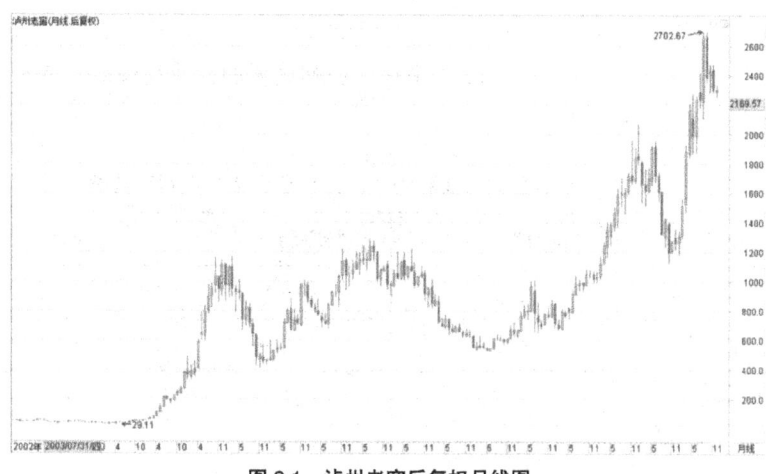

图 9.1　泸州老窖后复权月线图

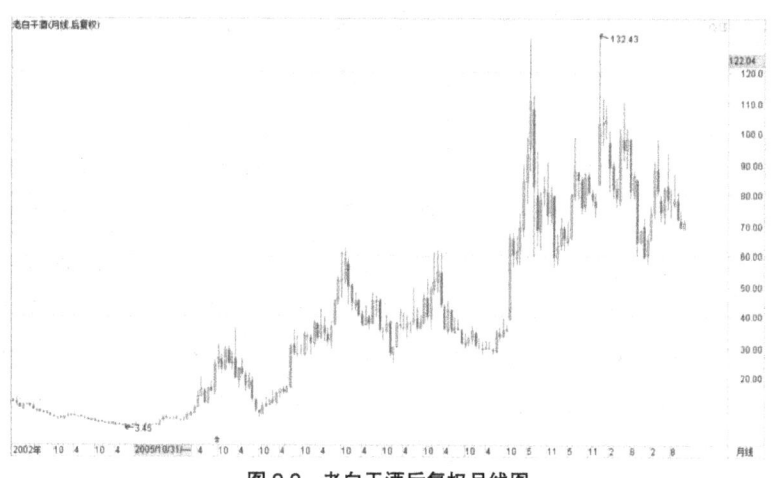

图 9.2　老白干酒后复权月线图

9.3.3　大规模下跌背景下买入泸州老窖

根据极简市盈率法，几乎没有机会可以买入资产优质的泸州老窖股票，因此只能寻找它大幅回调的时机。

2014 年，泸州老窖的流动比率达到 1.99，接近 2，说明其资产结构趋于合理，此时才会开始考虑买入泸州老窖。泸州老窖 2014 年的年报在 2015 年 4 月才得以公布，所以要出手的时机应当在 2015 年 4 月以后。

2015 年 4 月，在泸州老窖股票由底部上涨的过程中，并没有出现期待的大幅回调，只能继续等待。直到 2015 年 6 月中旬开始，沪深两市股票全面下跌。2015 年 8 月，泸州老窖公布 2015 年中报，泸州老窖的营业利润率、销售净利率和毛利率数据如表 9.7 所示。

表 9.7　泸州老窖的营业利润率、销售净利率和毛利率数据

时间	营业利润率（%）	销售净利率（%）	毛利率（%）
2014 年年报	22.27	16.44	47.61
2015 年一季报	38.55	28.29	57.32
2015 年中报	36.31	27.62	52.67

2015 年的两份报告中，3 个衡量盈利能力的关键指标，并没有出现明显下滑，对比股价的下跌速度，三大指标基本未动。由此可以判断股价的下跌，并不是泸州老窖的问题，遇到优质资产回调时，我们应果断买入。

2015 年 8 月，21.83 元买入 100 股。

2016 年 8 月，10 股派 8 元，收到股息 80 元。共持有 100 股，股息 80 元。

2017 年 6 月，10 股派 9.60 元，收到股息 96 元。共持有 100 股，股息 176 元。

2018 年 7 月，10 股派 12.50 元，收到股息 125 元。共持有 100 股，股息 301 元。

2019 年 8 月，10 股派 15.50 元，收到股息 155 元。共持有 100 股，股息 456 元。

近两年买入一次，总成本 2 183 元，减去收到的股息 456 元，每股平均成本为 17.27 元。2019 年 12 月 20 日收盘价 82.15 元，盈利 6 488 元，资金回报率为 3.76 倍。

9.4　引申指标：速动比率、现金比率

除了流动比率，还可以用速动比率和现金比率来衡量企业的短期偿债能力。

速动比率是指速动资产与流动负债的比率，它是衡量企业流动资产中可以立即变现的部分用于偿还流动负债的能力。

速动比率 =（流动资产 - 存货）÷ 流动负债

现金比率是指公司现金及现金等价资产总量与当前流动负债的比率，可以用来衡量公司资产的流动性。

现金比率 =（货币资金 + 交易性金融资产）÷ 流动负债

一般来讲，速动比率比流动比率严苛，现金比率比速动比率严苛，总之就是一步一步更准确地考查企业的偿债能力。

表 9.8 所示为 2013 年至 2018 年泸州老窖与老白干酒的速动比率与现金比率数据。从表中的数据可以看出，泸州老窖的速动比率都在 200% 以上，达到了速动比率的要求，表明其即便只用现金也完全可以应付流动负债；老白干酒的速动比率与现金比率都小于 100%，表明其偿债能力不如泸州老窖。

表 9.8　泸州老窖与老白干酒的速动比率与现金比率数据

时间	泸州老窖		老白干酒	
	速动比率（%）	现金比率（%）	速动比率（%）	现金比率（%）
2013 年	266.35	166.22	6.63	2.90
2014 年	212.81	141.31	8.56	1.42
2015 年	239.01	129.89	63.61	35.50
2016 年	268.80	173.85	85.17	63.41
2017 年	256.00	193.48	88.00	73.07
2018 年	220.00	172.97	46.00	39.93

第 10 章

不仅是偿债能力测试：利息保障倍数

第10章 不仅是偿债能力测试：利息保障倍数

利息保障倍数，看似是一个衡量偿债能力的财务指标，其实它的引申意义在于衡量企业的盈利能力。

10.1 指标解析：赚的钱够不够还利息

由什么来保障利息？一定是利润。利润能覆盖几倍的利息？当然覆盖得越多越好。倍数越多，企业偿债压力越小，至少在偿息方面没有压力。

10.1.1 指标概念

如果朋友向笔者借10万元，约定好年利率为1%，即每年利息为1 000元，那么他至少一年能赚7 000元以上，笔者才会答应借给他。为什么要求他一年赚7 000元以上呢？这个有什么依据吗？格雷厄姆在《聪明的投资者》和《证券分析》中给出了建议，就是在一般企业中，息税前利润一定要达到支付利息的7倍以上。

这里需要注意的是，格雷厄姆非常注重数据的长期平均值，也就是说某一年的数据，或多或少，对我们来说并没有多大的意义。就像考查每股收益一样，也要计算7～10年的平均数据。

在格雷厄姆的建议中，提到了息税前利润。息税前利润是指不扣除利息，也不扣除所得税的利润，也就是在不考虑利息的情况下，在缴纳所得税前的利润。

例如，某企业年收入10万元，其中包含营业成本、三大费用和杂项等，总成本为7万元，其中计在财务费用科目下的利息支出为1万元，所得税率为25%，那么按利润表计算得出的净利润应为：（10-7）×（1-25%）=2.25（万元）。

如果按照息税前利润的处理，要加回利息和所得税，那么息税前利润为：2.25+1+（10-7）×25%=4（万元）。

这样计算起来非常麻烦，对于不需要精确了解息税前利润的财报分析者来说，可以选择简单的算法。即根据利润表反推回去，净利润是利润总额扣除了所得税后的结果。那么，应当先获取利润总额数据，这样就加回了所得税。而财务费用里，一般最大的支出即是支付的利息，其他财务费用所占的比重非常小，那么就可以将财务费用简单地看成是应付的利息。因此利润总额再加回一个财务费用，便可作为大致的息税前利润。

10.1.2 指标公式

根据格雷厄姆的建议，息税前利润要高于应付利息的7倍以上，可以得出利息保障倍数公式如下。

利息保障倍数 = 息税前利润 ÷ 利息支出 > 7

简约版利息保障倍数 =（利润总额 + 财务费用）÷ 财务费用 > 7

更简约版利息保障倍数 = 利润总额 ÷ 财务费用 > 6

10.1.3 意义与作用

利息保障倍数最基本的作用，是帮助债券交易者选择公司债券。一个企业的偿债能力越强，债权人就越有保障。债券交易者面对几千种公司债券，利息保障倍数是除了资产负债率和票面利率，最值得参考的指标之一。

对于债权人来说，安全性比收益性的等级要高。

表10.1所示为2013年至2018年山西汾酒和老白干酒的利息保障倍数数据。从表中的数据可以看出，山西杏花村汾酒厂股份有限公司（以下简称"山西汾酒"）的财务费用常年为负值，也就是说其财务方面不存在费用问题，而且还有净流入；虽然老白干酒的其他财务指标并不如意，但在财务费用方面是可圈可点的，它的6年平均利息保障倍数高达48.92，这是一般企业无法企及的。

表 10.1 山西汾酒和老白干酒的利息保障倍数数据

时间	山西汾酒			老白干酒		
	利润总额（亿元）	财务费用（亿元）	利息保障倍数	利润总额（亿元）	财务费用（亿元）	利息保障倍数
2013 年	14.41	-0.40	—	1.13	0.14	8.07
2014 年	4.77	-0.17	—	1.50	0.22	6.82
2015 年	7.60	-0.13	—	1.86	0.25	7.44
2016 年	9.20	-0.18	—	1.85	0.03	61.67
2017 年	13.93	-0.22	—	2.39	-0.09	—
2018 年	21.74	-0.27	—	4.19	0.02	209.50

再看一组反面数据，表 10.2 所示为 2013 年至 2018 年亚星化学和四川金顶的利息保障倍数数据。从表中的数据可以看出，潍坊亚星化学股份有限公司（以下简称"亚星化学"）利润总额常年在盈亏之间徘徊，6 年平均利息保障倍数为 0.12，可以理解为亚星化学这几年的利润，无法负担利息支出；同样的，四川金顶（集团）股份有限公司（以下简称"四川金顶"）6 年间盈利较少，6 年平均利息保障倍数为 1.99。两家公司的利息保障倍数都低于理论标准。

表 10.2 亚星化学和四川金顶的利息保障倍数数据

时间	亚星化学			四川金顶		
	利润总额（亿元）	财务费用（亿元）	利息保障倍数	利润总额（亿元）	财务费用（亿元）	利息保障倍数
2013 年	-0.30	1.00	—	0.05	0.01	5.00
2014 年	-1.97	1.00	—	-0.38	0.09	—
2015 年	-3.78	1.26	—	0.02	0.16	0.13
2016 年	0.09	0.96	0.09	-0.29	0.17	—
2017 年	0.27	0.46	0.59	0.29	0.07	4.14
2018 年	0.03	0.69	0.04	0.32	0.12	2.67

10.2 需要注意的问题：底层逻辑是盈利能力

利息保障倍数看似为偿债能力指标，其实它作为盈利能力指标具有更大的意义。例如，借款 10 万元，年利率为 5%，借款期限为两年，每年要支付 5 000 元利息。按照 7 倍利息保障倍数来计算，每年只要能赚到 3.5 万元即可让债权人放心。但是两年的收入加起来才 7 万元，可见两年后可能无法偿还本金。

其实账不是这么算的，企业的借款是有目的性的。长期借款的走向是非流动资产，短期借款的走向是流动资产。或者可以理解为，长期借款的目的就是增加设备，那么设备不是每年都更换的，它的折旧费用需要长期摊销。因此，当很多年过去了，可以将计提的折旧费用拿出来，还给债权人。

这么说可能有些令人费解，来举个例子进行。例如，借款 3 000 元买冰柜用来卖冰棍，承诺 3 年后清偿所有借款，3 年后再换一台新的冰柜。如果按照平均折旧计算，每年的折旧费用为 1 000 元，每天的费用为 2.74 元。

在每天的经营中，每天计提 2.74 元的折旧费用，专门放到一个账户中存起来。每天计提 2.74 元，3 年后就是 3 000 元。3 年期到了，将计提折旧费用的总额还给债权人。因此即便 3 年内的利润总额不到 3 000 元，但那是扣除了折旧费用的利润，也就是说 3 年后要还的钱，在计算利润前，已经将这笔钱给扣除了。

到期后，如果想再换一台新冰柜，就可以再和债权人签订 3 年的合同，将以上的过程再来一遍。回到上一个例子，两年后要归还 10 万元，与每年赚 3.5 万元表面上是没有关系的，赚的 3.5 万元是扣除两年后要还的 10 万元后的结果。

因此，长期借款的问题，不必从息税前利润里找，它已经在成本里了。息税前利润只负责每年的利息支出就可以了。

可是再仔细想一下，只负责每年的利息支出就够了吗？远远不够，卖冰棍不能只想着 3 年到期再去借款经营，而应当想着用自己的钱来买冰柜，这样就不必再支付利息了。如果还想再扩大经营，想购置两台冰柜，这笔钱也要从利润里支付。因此利润越高越好，而不能只满足于能将债务还上。

那些利息保障倍数为 1 或 2 的企业，它们能做的，也只能是先将利息付清，至于发展，路漫漫其修远兮。

10.3　寻找优质资产：德赛电池与卓翼科技

同为高新技术企业的深圳市德赛电池科技股份有限公司（以下简称"德赛电池"）与深圳市卓翼科技股份有限公司（以下简称"卓翼科技"），一个为移动通信提供电池解决方案，另一个为通信业务提供解决方案，属于同一产业链上的不同位置的企业，两家企业具有可比性。

德赛电池主营业务为生产制造电源管理系统及各类锂电池。

卓翼科技主营业务为从事通信、消费类电子、计算机等 3C 产品的研发、制造与销售。

10.3.1　数据对比：利息保障倍数

表 10.3 所示为 2013 年至 2018 年德赛电池和卓翼科技的利息保障倍数数据。从表中的数据可以看出，德赛电池的财务费用，除了 2018 年，几乎每年都可以视为零。企业支付的利息少，意味着负债额低，有足够的资产自我发展。虽然卓翼科技的财务费用并不高，但相比同样不高的利润总额，其相对于利润总额的占比就相当大了。2014 年以后，问题更加突出。偿债付息对卓翼科技已经是最基本的要求，很难再谈发展。

表 10.3　德赛电池和卓翼科技的利息保障倍数数据

时间	德赛电池			卓翼科技		
	利润总额（亿元）	财务费用（亿元）	利息保障倍数	利润总额（亿元）	财务费用（亿元）	利息保障倍数
2013 年	3.39	0.08	42.38	1.09	0.10	10.90
2014 年	3.99	0.01	399.00	0.59	0.19	3.11
2015 年	3.91	-0.18	—	-0.61	0.37	-1.65
2016 年	4.41	-0.17	—	0.15	0.22	0.68

续表

时间	德赛电池			卓翼科技		
	利润总额（亿元）	财务费用（亿元）	利息保障倍数	利润总额（亿元）	财务费用（亿元）	利息保障倍数
2017 年	4.99	-0.17	—	0.22	0.22	1.00
2018 年	6.76	1.01	6.69	-1.43	0.30	—

10.3.2 杜邦分析：我欠别人的、别人欠我的

表 10.4 与表 10.5 所示分别为 2013 年至 2018 年德赛电池与卓翼科技的杜邦分析数据。从两家企业的数据对比来看，纵向比较总资产周转率，德赛电池越来越高，卓翼科技以震荡为主，长期看几乎没有变化；横向比较，则卓翼科技的总资产周转率低于德赛电池。同时德赛电池的销售净利率要高于卓翼科技，而且卓翼科技的销售净利率从 2014 年开始下降，到 2018 年变为负值，而德赛电池的销售净利率从 2013 年至 2018 年只下降了 50%。这两大因子的变化，就决定了德赛电池的净资产收益率必定会高于卓翼科技。

表 10.4　德赛电池的杜邦分析数据

时间	销售净利率（%）	总资产周转率（%）	权益乘数	净资产收益率（%）
2013 年	4.68	130.58	5.17	31.59
2014 年	3.68	136.66	5.09	25.60
2015 年	2.73	247.84	2.84	19.22
2016 年	2.92	169.53	3.43	16.98
2017 年	2.41	163.88	4.20	16.59
2018 年	2.32	195.52	3.89	17.65

表 10.5　卓翼科技的杜邦分析数据

时间	销售净利率（%）	总资产周转率（%）	权益乘数	净资产收益率（%）
2013 年	4.40	88.45	1.69	6.58
2014 年	1.23	109.93	2.34	3.16

续表

时间	销售净利率（%）	总资产周转率（%）	权益乘数	净资产收益率（%）
2015 年	1.43	117.76	2.39	4.02
2016 年	0.63	102.51	1.95	1.26
2017 年	0.72	67.87	1.92	0.94
2018 年	-3.28	90.63	1.75	-5.20

不能忽视的一个问题是，德赛电池的权益乘数比较高，如果去掉权益乘数，它的净资产收益率则不会超过 10%。这就不对了，既然权益乘数高，就说明负债相对于净资产更多，负债多，需要支付的利息就更多，可是为什么德赛电池的财务费用那么低，有时还为负数？我们需要看一下德赛电池的负债结构，如表 10.6 所示。

表 10.6　德赛电池的负债结构

单位：亿元

时间	负债总额	流动负债	非流动负债
2011 年	9.92	9.71	0.21
2012 年	13.97	13.85	0.13
2013 年	27.19	26.06	1.13
2014 年	37.57	36.85	0.72
2015 年	22.05	21.81	0.23
2016 年	36.46	36.44	0.02
2017 年	58.04	58.04	0
2018 年	65.57	63.13	2.44

我们知道，长期非流动负债是"吃息大户"，表 10.6 所示为 2011 年至 2018 年德赛电池的负债结构。从表中的数据可以看出，德赛电池的非流动负债基本上可以忽略不计，因此也不用支付多少利息。可是还是有一个疑问，德赛电池有这么多的流动负债，短期偿债的压力更大，能应付得了吗？为此我们还需要再看一组资产结构数据，表 10.7 所示为 2011 年至 2018 年德赛电池的应收款项

与应付款项数据。

表 10.7 德赛电池的应收款项与应付款项数据

单位：亿元

时间	流动资产应收款项	流动负债应付款项
2011 年	9.23	6.31
2012 年	11.05	9.57
2013 年	20.40	16.28
2014 年	17.95	16.19
2015 年	15.42	16.22
2016 年	27.04	27.89
2017 年	37.48	3.94
2018 年	41.71	8.96

一般在流动负债中，应付款项的所占比例最大，相对应的流动资产中的应收款项与应付款项的数据差不多。因此这种负债不是德赛电池无法偿还的债务，而是别人欠它的，它又欠别人的。即便如此，如果有一方违约，德赛电池的压力也会非常大。图 10.1 为德赛电池后复权月线图，图 10.2 为卓翼科技后复权月线图。

10.3.3 大规模下跌背景下买入德赛电池

2015 年 6 月股价开始大规模下跌，可以在当年 8 月查看德赛电池的中报。2015 年德赛电池的营业利润率、销售毛利率和销售净利率数据如表 10.8 所示。

表 10.8 德赛电池的营业利润率、销售毛利率和销售净利率数据

时间	营业利润率（%）	销售毛利率（%）	销售净利率（%）
2015 年一季报	5.42	10.10	4.41
2015 年中报	5.19	9.96	4.14
2015 年三季报	5.02	9.26	3.98
2015 年年报	4.60	8.92	3.65

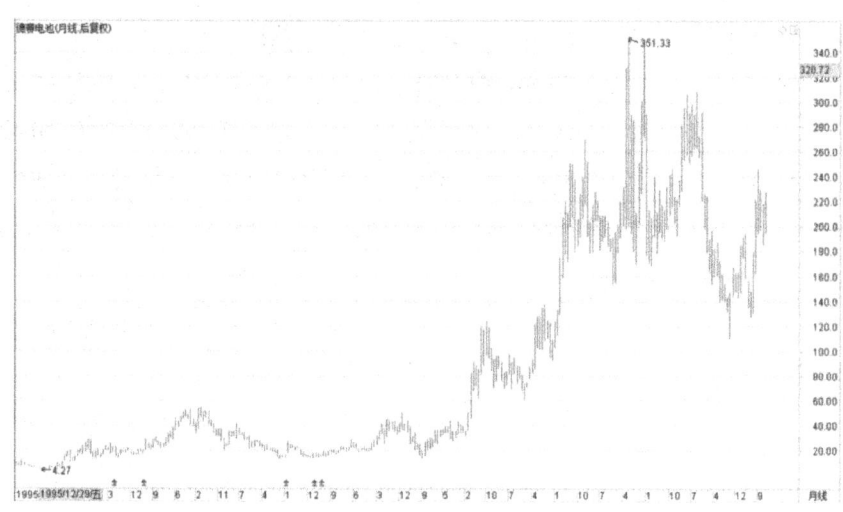

图 10.1 德赛电池后复权月线图

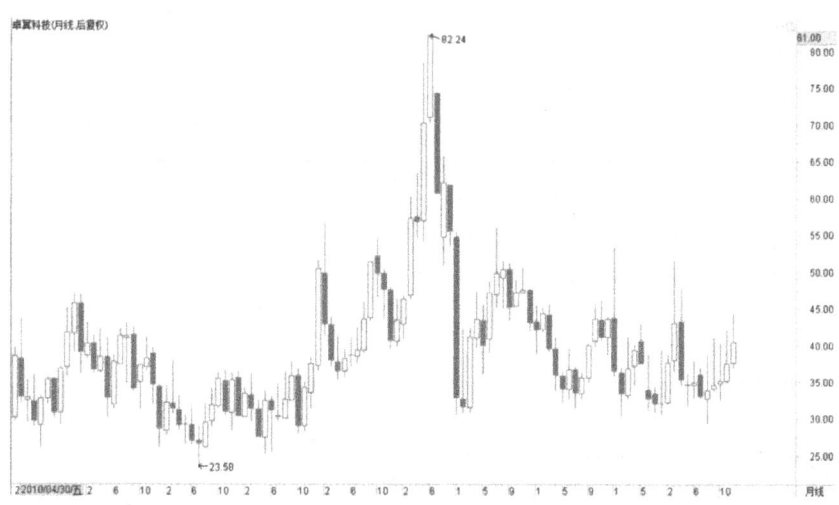

图 10.2 卓翼科技后复权月线图

2015 年 8 月德赛电池的中报公布,从三大盈利能力指标来看,德赛电池的经营并没有出现问题,那么股价的下跌,只是受大环境影响而已。可以在 2015 年 8 月买入德赛电池。

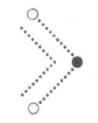

2015 年 8 月收盘价 38.89 元，买入 100 股。

2016 年 5 月 10 股派 1.50 元，收到股息 15 元，共持有 100 股，股息 15 元。

2017 年 5 月 10 股派 2.50 元，收到股息 25 元，共持有 100 股，股息 40 元。

2018 年 5 月 10 股派 2.50 元，收到股息 25 元，共持有 100 股，股息 65 元。

2019 年 6 月 10 股派 2.50 元，收到股息 25 元，共持有 100 股，股息 90 元。

共买入一次，总成本 3 889 元，减去收到的股息 90 元，每股平均成本为 37.99 元，2019 年 12 月 20 日收盘价为 40.80 元，盈利 281 元，收益率为 7.40%。

第 11 章

营运能力最关键的测试指标：应收账款周转率、存货周转率

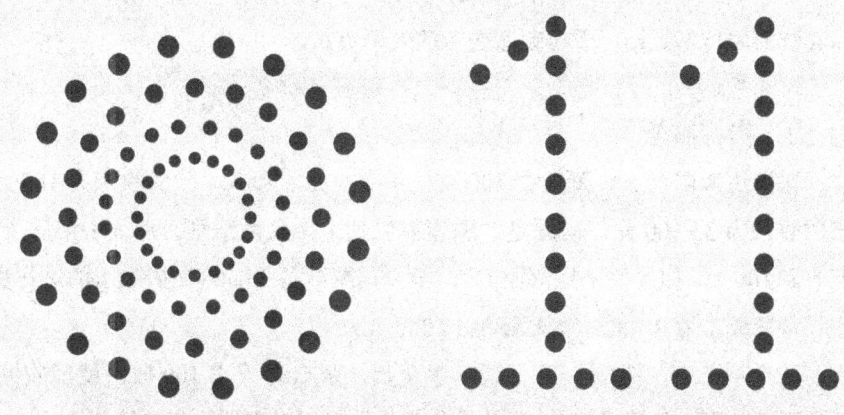

企业经营的起点是现金，终点也是现金，在营运的过程中，也需要现金，因此谁的现金周转得快，谁的效率就更高。

11.1 指标解析：效率第一，兼顾公平

应收账款是企业应收回的账款，因为存货占用大量资金，所以从应收账款和存货的周转率数据可看出哪家企业的效率更高。

11.1.1 指标概念

在街边卖矿泉水，每天卖 100 瓶，每瓶 1 元，那么 1 天的收入为 100 元，1 年的收入为 36 500 元。问题是，顾客都说到 1 年后再结账。那么 1 年后，每天能收到 100 元。如果要坚持营业 1 年，至少需要准备 36 500 瓶矿泉水的进货货款，假设每瓶成本为 0.5 元，就要准备 18 250 元。

如果不赊销，必须一手交钱一手交货，那么每天卖 100 瓶，就能收回 100 元的现金。那么每天准备 50 元的进货货款，就可以支撑一年的经营。

上面的例子，只是应收账款中的一项，如果企业运营得足够快，每天只需要 50 元成本；如果企业运营得慢，1 年需要 18 250 元成本。两者相差 364 倍。如果把多余的 18 200 元存到银行，还能稳定获得一部分利息，为什么要把钱压在应收账款里呢？

况且有些时候，企业并不能确定何时能收回应收账款，如果对方一直拖欠，

企业也没办法。

既然每天最多卖100瓶矿泉水，1年卖36 500瓶，那么有必要一次性进货36 500瓶吗？如果一次性进货，还要筹集18 250元的货款。如果每天用50元进货100瓶，卖完了再去进货呢？那么每天存货最多占用50元，而且一天结束时再无存货，也不会占用现金。

因为无论是应收账款还是存货，这种占用大量资金的项目，在营运过程中资金周转得越快，效率就越高。

应收账款周转率是反映公司应收账款周转速度的比率，它说明一定期间内公司应收账款转为现金的平均次数。用时间来表示的应收账款周转速度为应收账款周转天数，也称平均应收账款回收期或平均收现期，它表示公司从获得应收账款的权利到收回款项、变成现金所需要的时间。

存货周转率是企业一定时期的销货成本与平均存货余额的比率，用于反映存货的周转速度，即存货的流动性及存货资金占用量是否合理。提高存货周转率可促使企业在保证生产经营连续性的同时，提高资金的使用效率，增强企业的短期偿债能力。

11.1.2 指标公式

一年有365天，而约定俗成的周转天数计算方法，都以360天为准，因为取整更方便。

应收账款周转率＝营业收入÷[（期初应收账款余额＋期末应收账款余额）÷2]×100%

存货周转率＝营业成本÷[（期初存货余额＋期末存货余额）÷2]×100%

应收账款周转天数＝360÷应收账款周转率

存货周转天数＝360÷存货周转率

11.1.3 意义与作用

可以将同类企业进行对比，因为仅从这两个指标中，就能看出谁的效率更高。表11.1所示为2013年至2018年贵州茅台和老白干酒的应收账款周转率与存货周转率数据。从表中的数据可以看出，贵州茅台与老白干酒的应收账款周转率和应收账款周转天数都非常低，基本没有拖欠货款的情况出现。贵州茅台2016

年至 2018 年没有应收账款。

表 11.1 贵州茅台和老白干酒的应收账款周转率与存货周转率数据

时间	贵州茅台		老白干酒	
	应收周转率（天数）	存货周转率（天数）	应收周转率（天数）	存货周转率（天数）
2013 年	3 270.63/0.11	0.20/1 800.00	901.50/0.40	0.86/418.60
2014 年	12 886.80/0.03	0.17/2 117.65	72.72/4.95	0.70/513.29
2015 年	8 361.75/0.04	0.15/2 400.00	80.55/4.47	0.75/480
2016 年	—	4.12/87.38	—	0.83/433.73
2017 年	—	0.17/2 117.65	—	0.89/404.49
2018 年	—	0.28/1 285.71	286.64/1.26	1.05/342.86

在存货周转方面做得较好的应该是日本企业丰田汽车公司，很多年前该企业就已经做到了无库存化生产，没有订单便不会生产。这样可以将存货占用的资金更好地用在经营的其他方面。

例如，ZARA（飒拉）从产品设计到零售端，只需要不到 20 天，而某些知名大厂的服装生产，至少需要 180 天。ZARA 这种周转速度，无论是对于抓市场卖点，还是对于挪出更多的资金，都有莫大的益处。

11.2 需要注意的问题：实际上分子、分母都不科学

应收账款周转率公式的分子为营业收入，但企业在经营中，有现销，也有赊销。现销即一手交钱一手交货，只有赊销才会转入应收账款中。因此现销与应收账款没有任何关系，将现销数据放在应收账款周转率公式的分子中，是否有失偏颇？答案是肯定的。

但是也没办法，企业对外的财务报表中，不会公布哪些数据属于现销，哪些数据属于赊销，这些都属于商业秘密，我们无从得知。为方便取数，只能将营业收入全额代入公式。

进一步思考，即便这一年的营业收入全部都是赊销，营业收入可全部计入应收

账款中，但这些钱也不全是1年内都能收回的欠款，而将营业收入当成是应收账款周转率公式的分子的潜台词是，无论经营和经济背景如何，都设定为当年必须收回全部应收账款，才能计算出真实的应收账款周转率，可是这种情况不可能发生。

再来看应收账款周转率公式的分母，可能存在期初应收账款的余额为500万元，期末余额还是500万元的情况。产生这样的数据只有两种情况：一种情况是这一年度没有出现赊销的情况，全部是现销；另一种情况是也有赊销的存在，但经过一番进出后，前后数据一致。

如果是第1种情况，就是没有收回前一年的欠款，那么应收账款周转率应该是零，但用期初余额加期末余额再除以2，作为应收账款周转率公式的分母，好像应收账款已经回收过了一次一样。

如果是第2种情况，假如在收回应收账款的过程中，只收回了1分钱，然后有人又欠了1分钱，那么应收账款的周转率是多少？应收账款周转率公式的分母应是1分钱，但还是用期初余额加期末余额再除以2，作为应收账款周转率公式的分母，这样没有意义。

关于存货周转率，人们在把什么作为其公式的分子方面存在着分歧，有人认为应该用营业收入作为分子，有人认为应该用营业成本作为分子。这些都不是关键问题，关键问题是分子不同，考查企业的能力不同。

如果用营业收入作为存货周转率公式的分子，考查的是企业的偿债能力。但是如果用营业成本作为存货周转率公式的分子，考查的是企业的资产调配能力，存货应该压多少，占多少资金的问题。因此不必争论这个问题，没有争论的意义。

存货也分很多种，如老白干酒的存货量大，不一定是成品存货量大，可能还有水、粮食、酒曲等原材料。这些原材料也是存货的一部分，但从外部分析只能看到存货的总量，不能看到具体的存货分类情况。存货结构也考验着企业的资产调配能力，就像如果只有油盐酱醋，而没有米面肉菜，即便调味品再多，也做不出饭菜。

11.3 寻找优质资产：隆平高科与福建金森

袁隆平农业高科技股份有限公司（以下简称"隆平高科"）以粮食作物为主，福建金森林业股份有限公司（以下简称"福建金森"）以森林木材为主，两个企业都属于种植业,虽然经营周期不一样,但从长期来看,还是具有同类可比性的。

隆平高科主营业务为以杂交水稻、杂交玉米、蔬菜瓜果为主的高科技农作物种子、种苗的培育、繁殖、推广和销售,与此相关的农化产品的研制、生产和销售。

福建金森主营业务为森林培养营造、森林保有管护、木材生产销售、花卉及其他园艺植物的种植。

11.3.1 数据对比:应收账款周转率与存货周转率

表 11.2 所示为 2013 年至 2018 年隆平高科与福建金森的应收账款周转率与存货周转率数据。从表中的数据可以看出,隆平高科的应账款周转率与福建金森不相伯仲,都有走低的趋势。隆平高科的存货周转率高于福建金森。整体来看,隆平高科的数据虽然有下降趋势,但更显稳定。

表 11.2 隆平高科与福建金森应收账款周转率与存货周转率数据

时间	隆平高科		福建金森	
	应收账款周转率(%)	存货周转率(%)	应收账款周转率(%)	存货周转率(%)
2013 年	12.16	0.91	15.82	0.08
2014 年	8.54	0.91	8.84	0.07
2015 年	7.18	0.98	10.21	0.08
2016 年	7.21	0.96	18.40	0.04
2017 年	7.29	0.93	7.78	0.05
2018 年	5.35	0.79	5.09	0.04

应收账款与存货都属于资产的一部分,如果这两项的周转率很低,就会使总资产周转率降低。

11.3.2 杜邦分析:局部影响整体

表 11.3 和表 11.4 分别为 2013 年至 2018 年隆平高科和福建金森的杜邦分析数据。从表中的数据来看,两家公司的销售净利率与权益乘数相差不大,而福建金森唯一落后的因子,便是总资产周转率。前面说过,存货和应收账款是总资产的一部分,这两项的周转率低,必然会使总资产周转率降低。而两家同属

种植业的企业，仅从这一项数据来看，便立判高下。

表 11.3 隆平高科的杜邦分析数据

时间	销售净利率（%）	总资产周转率（%）	权益乘数	净资产收益率（%）
2013 年	9.87	49.18	2.21	10.73
2014 年	19.94	44.21	2.03	17.90
2015 年	24.23	40.33	2.05	20.03
2016 年	21.79	28.94	1.38	8.70
2017 年	24.42	24.58	2.02	12.12
2018 年	22.10	23.30	2.05	10.56

表 11.4 福建金森的杜邦分析数据

时间	销售净利率（%）	总资产周转率（%）	权益乘数	净资产收益率（%）
2013 年	27.59	12.65	2.06	7.19
2014 年	24.74	13.68	1.98	6.70
2015 年	18.59	12.04	2.28	5.10
2016 年	18.84	8.26	2.26	3.52
2017 年	31.43	10.40	2.12	6.93
2018 年	28.57	9.85	2.24	6.30

11.3.3 大规模下跌背景下买入隆平高科

表 11.5 所示为隆平高科 2015 年分季三大盈利能力指标数据。从表中的数据可以看出，隆平高科的三大盈利指标中，只有毛利率并未在大规模下跌背景下下降太多，但是营业利润率和销售利润率均有所下降。但横向比较，在隆平高科的 2015 年三季报公布时，种植业板块整体股价大幅下降，而隆平高科在板块中的数据算是上乘的，而且通过对比细节数据与历年杜邦分析数据（本书未涉及 2011 年以前的杜邦数据），隆平高科都算得上是优质资产。因此可以在大规模下跌的背景下，择机买入隆平高科，特别是其 2008 年 10 月三季报披露时，更可以肯定这一点。

表 11.5　隆平高科 2015 年分季三大盈利能力指标数据

时间	营业利润率（%）	销售毛利率（%）	销售利润率（%）
2015 年一季报	38.46	23.06	33.16
2015 年中报	18.83	21.51	16.36
2015 年三季报	8.24	19.83	7.18

因为隆平高科在 2008 年 8 月发表的中报中的数据更好，也可以在 8 月买入隆平高科。

2008 年 8 月收盘价 19.98 元，买入 100 股。

2008 年 10 月收盘价 13.38 元，买入 100 股，共持有 200 股。

2009 年 7 月 10 股送 1 股派 0.70 元，收到股息 14 元，共持有 220 股，股息 14 元。

2010 年 6 月 10 股派 0.70 元，收到股息 15.4 元，共持有 220 股，股息 29.40 元。

2011 年 7 月 10 股派 0.50 元，收到股息 11 元，共持有 220 股，股息 40.40 元。

2012 年 6 月 10 股转 5 股派 1 元，收到股息 22 元，共持有 330 股，股息 62.40 元。

2013 年 6 月 10 股派 1.50 元，收到股息 49.50 元，共持有 330 股，股息 111.90 元。

2014 年 7 月 10 股转 10 股派 1 元，收到股息 33 元，共持有 660 股，股息 144.90 元。

2015 年 6 月 10 股派 0.50 元，收到股息 33 元，共持有 660 股，股息 177.90 元。

2016 年 6 月 10 股派 2 元，收到股息 132 元，共持有 660 股，股息 309.90 元。

2017 年 7 月 10 股派 1.50 元，收到股息 99 元，共持有 660 股，股息 408.90 元。

2018 年 7 月 10 股派 1 元，收到股息 66 元，共持有 660 股，股息 474.90 元。

2019 年 7 月 10 股派 2 元，收到股息 132 元，共持有 660 股，股息 606.90 元。

共买入两次，总成本 3 336 元，减去收到的股息 606.90 元，每股平均成本 4.14 元。2019 年 12 月 20 日收盘价 12.54 元，共盈利 5 544 元。

第12章

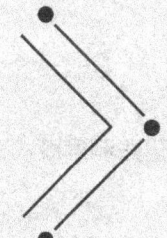

赚的是账面还是真金白银：
盈余现金保障倍数

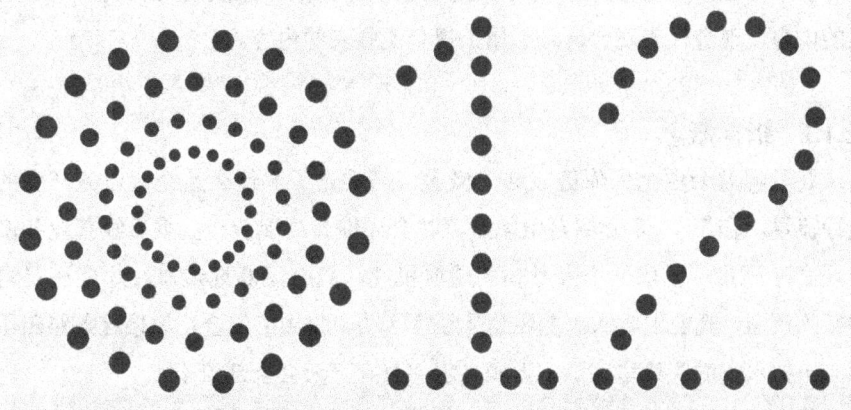

利润表采用权责发生制，现金流量表采用收付实现制。这两种记账制度既冲突，又互补。因此对比两种表内的同类数据，就显得非常有意义了。

12.1 指标解析：账面盈利还是实际盈利

盈余现金保障倍数，又叫作利润现金保障倍数。盈余代表利润，属于利润表的内容，现金代表现金流量，属于现金流量表的内容。

12.1.1 指标概念

要了解盈余现金保障倍数这个概念，需要先了解什么是经营业务产生的现金净流量，在第 13 章介绍自由现金流时会详细介绍现金净流量。经营业务产生的现金净流量，就像一个人身体的造血机能，只有不断地造血，才能满足自身的新陈代谢。企业的收入，主要是从经营活动中收到的现金，如果这条路断了，相当于把水的源头给堵住了。无源之水，总有一天会全部流干。

假设开了一家超市，进货成本为 50 万元，货卖完了，收回的现金只有 45 万元，现金量变小了，也许因为是亏损了，或者赊销钱款没有追回来，但账面上还盈利了 3 万元。此时只看利润表，是盈利状态；再看现金流量表，是亏损状态。

按上面的例子，正常情况下，盈利了 3 万元，至少要有 3 万元的现金净流入（收入 - 成本）。盈余现金保障倍数考查的就是光鲜的净利润背后，有多少现金支持。

盈余现金保障倍数，是指企业在一定时期内的经营现金净流量同净利润的比值，反映了企业当期净利润中现金收益的保障程度，它真实地反映了企业的盈余质量。盈余现金保障倍数从现金流入和流出的动态角度，对企业收益的质量进行评价，对企业的实际收益能力评估进行再一次修正。

12.1.2 指标公式

经营现金净流量数据，可以在现金流量表中查询。净利润数据，可以在利润表中查询。

盈余现金保障倍数 = 经营现金净流量 ÷ 净利润

12.1.3 意义与作用

盈利能力，不能只看利润表，还要看利润的含金量，也就是说有盈利了要收回现金。可以说利润表中表示的是名义盈利，现金流量表中表示的是实际盈利。

表 12.1 所示为 2013 年至 2018 年北京城建投资发展股份有限公司（以下简称"城建发展"）的每股经营现金净流量与净利润数据。从表中的数据可以看出，6 年间，城建发展的每股经营现金净流量最近 6 年皆为负值。并且这 6 年中，每一年的净利润都为正值，也就是说从利润表上来看，城建发展每年都是赚钱的，并且数额还不少。但这只是名义利润，回到实际利润中，城建发展 6 年流失现金总量为 399.75 元。

表 12.1 城建发展的每股经营现金净流量与净利润数据

时间	每股经营现金净流量（元）	总股本（亿股）	流失现金（亿元）	净利润（亿元）
2013 年	-4.70	8.89	-41.78	131.22
2014 年	-3.90	10.67	-41.61	13.73
2015 年	-3.59	15.67	-56.26	14.29
2016 年	-1.11	15.67	-17.39	14.44
2017 年	-8.89	15.67	-139.31	14.56
2018 年	-5.50	18.80	-103.40	12.30
			6 年总流失金额 -399.75 亿元	6 年总利润 200.54 亿元

通过对比利润表和现金流量表，就能重新对企业的盈利能力进行评估。

城建发展的这种情况会让人产生疑问：其盈利能力是假的吗？其净利润是假的吗？其利润是通过投资收益或营业外收入补充的吗？仔细翻看利润表，发现城建发展的盈利能力并没有问题，投资收益占比营业利润并不高，营业外收入更少，因此其大部分的利润还是从主营业务中来的。那么现金的极速流失到底是什么原因？

我们只能打开城建发展的资产负债表一探究竟，表12.2 所示为 2013 年至 2018 年城建发展的应收票据、应收账款、预付账款和其他应收款数据。从表中的数据可以看出，应收票据与应收账款不高，最高的是预付账款，这与城建行业的特点有关。

表 12.2 城建发展的应收票据、应收账款、预付账款和其他应收款数据

单位：亿元

时间	应收票据	应收账款	预付账款	其他应收款
2013 年	0	0.65	14.22	0.84
2014 年	0	0.72	16.59	6.43
2015 年	0	0.88	9.95	12.97
2016 年	0	0.72	19.42	14.02
2017 年	0	0.55	112.88	0
2018 年	0	0.76	100.50	0

表 12.3 所示为 2013 年至 2018 年城建发展的筹资净流量与资产负债率数据。从表中可以看到城建发展多年来靠着不断地借钱，才支撑起资金如此不断地流失。随着筹资额的不断扩大，其资产负债率也不断升高。至此看清了城建发展的盈利能力，也重新评估了它的盈利能力。

表 12.3 城建发展的筹资净流量与资产负债率数据

时间	筹资净流量（亿元）	资产负债率（%）
2013 年	33.54	73.97
2014 年	76.94	66.86
2015 年	55.42	68.13

续表

时间	筹资净流量（亿元）	资产负债率（%）
2016 年	44.03	72.32
2017 年	178.12	77.42
2018 年	56.05	76.39

最后，看一看表 12.4 所示的城建发展的盈余现金保障倍数的数据。从表中的数据可以看出有很多负值，结合上面的分析，也就不足为奇了。

表 12.4　城建发展的盈余现金保障倍数数据

时间	经营现金净流量（亿元）	净利润（亿元）	盈余现金保障倍数
2013 年	-36.86	131.22	-0.28
2014 年	-61.06	13.73	-4.45
2015 年	-56.31	14.29	-3.94
2016 年	-17.43	14.44	-1.21
2017 年	-139.36	14.56	-9.57
2018 年	-86.21	12.30	-7.01

12.2　需要注意的问题：并不是越高越好

是不是盈余现金保障倍数值越高越好呢？我们先直观地看一下伊利股份和光明乳业的盈余现金保障倍数数据，如表 12.5 和表 12.6 所示。

表 12.5　伊利股份的盈余现金保障倍数数据

时间	经营现金净流量（亿元）	净利润（亿元）	盈余现金保障倍数
2013 年	54.75	31.87	1.72
2014 年	24.36	41.44	0.59

续表

时间	经营现金净流量（亿元）	净利润（亿元）	盈余现金保障倍数
2015 年	95.36	46.32	2.06
2016 年	128.17	56.62	2.26
2017 年	70.07	60.01	1.17
2018 年	86.25	64.40	1.34

表 12.6　光明乳业的盈余现金保障倍数数据

时间	经营现金净流量（亿元）	净利润（亿元）	盈余现金保障倍数
2013 年	13.05	4.06	3.21
2014 年	3.38	5.70	0.59
2015 年	18.66	4.18	4.46
2016 年	26.09	5.63	4.63
2017 年	16.42	6.20	2.65
2018 年	14.54	3.42	4.25

按照前面分析过的伊利股份与光明乳业的数据来看，伊利股份的经营能力明显优于光明乳业，为什么在盈余现金保障倍数这个指标上，伊利股份明显弱于光明乳业呢？是因为伊利股份的盈利能力通过现金流量表的再验证，是不合格的吗？并不是。

前文提过，利润表采用的是权责发生制，现金流量表采用的是收付实现制。两个记账制度不一样，利润变成现金就会产生时间差。如果每一年都没有赊购、赊销的情况，那么净利润应该与收回的现金额是相等的。当然这种情况不会出现，但是从长远来看，权责发生制和收付实现制是趋同的。因此盈余现金保障倍数存在着缺陷。

例如，两家同类型的企业，其净利润是收入扣除了成本、三大费用、税款和资产折旧后的结果。既然是同类型的企业，成本、费用、税款基本上是相同的，但资产折旧却不一样。例如，两家企业的其他数据都一样，而 A 企业的资产折旧率低，B 企业的资产折旧率高，那么 A 企业的净利润就会高于 B 企业。

如此一来，净利润作为盈余现金保障倍数公式的分母，分母越大，保障倍数越小；分母越小，保障倍数越大。那么结论就变成了，同类企业中，未能很好控制固定资产购置成本的企业，盈余现金保障倍数反而更高。

例如，A、B 为同类企业，在同样的收入水平下，A 企业控制成本、控制费用能力较强，净利润较高，而 B 企业的成本控制和费用控制能力较弱，净利润较低。因为净利润为盈余现金保障倍数公式的分母，反而净利润高的 A 企业盈余现金保障倍数更低。

有了这两个弊端，就无法真正认同盈余现金保障倍数的指导意义。那么有什么解决的办法吗？答案是肯定的。

针对第 1 个弊端，不应该仅将净利润作为盈余现金保障倍数公式的分母，而是应该将折旧加回来，将指标公式变成：盈余现金保障倍数 = 经营现金净流量 ÷（净利润 + 折旧）。

针对第 2 个弊端，不能按教科书上所说的，认为比值越高越好。因为权责发生制和收付实现制长期来看是趋同的，那么越是经营稳定的企业，它们对于应收款项的控制越好，也就是大部分净利润都能以现金的形式收回，并且收回的现金与净利润趋同。因此盈余现金保障倍数的比值，不是越高越好，而是越稳定越好。当然，该比值为正值才有比较的意义。

那么怎么看盈余现金保障倍数的稳定性呢？可以通过计算盈余现金保障倍数的标准差来确定稳定性。伊利股份的盈余现金保障倍数标准差为 0.61，光明乳业的盈余现金保障倍数标准差为 1.92。标准差的数值越小说明越稳定。因此从盈余现金保障倍数来看，伊利股份比光明乳业好得多。

12.3 寻找优质资产：双汇发展与莲花健康

河南双汇投资发展股份有限公司（以下简称"双汇发展"）主营肉类，莲花健康产业集团股份有限公司（以下简称"莲花健康"）主营调味品，两者的产品皆是厨房不可或缺的一部分，具有可比性。

双汇发展主营业务为畜禽屠宰，肉类食品的加工、销售和食品包装。

莲花健康主营业务为味精及其他副产品的生产与销售。

12.3.1 数据对比：盈余现金保障倍数

表 12.7 与表 12.8 分别为 2013 年至 2018 年双汇发展和莲花健康的盈余现金保障倍数数据。从表中的数据可以看出，双汇发展的盈余现金保障倍数平稳地在 1～2 震荡，净利润与当期经营现金净流量基本相当；而莲花健康的盈余现金保障倍数却极不稳定，2013 年至 2018 年盈亏交错，由此可以判断两者的经营情况。

表 12.7　双汇发展的盈余现金保障倍数数据

时间	经营现金净流量（亿元）	净利润（亿元）	盈余现金保障倍数
2013 年	38.69	38.58	1.00
2014 年	47.12	40.40	1.17
2015 年	57.66	42.56	1.35
2016 年	55.46	44.05	1.26
2017 年	56.50	43.19	1.31
2018 年	51.95	49.15	1.06

表 12.8　莲花健康的盈余现金保障倍数数据

时间	经营现金净流量（亿元）	净利润（亿元）	盈余现金保障倍数
2013 年	0.71	-3.29	—
2014 年	-0.39	0.24	—
2015 年	0.05	-5.08	—
2016 年	0.30	0.65	0.46
2017 年	-11.03	-0.31	—
2018 年	-3.33	-0.24	—

12.3.2 杜邦分析：净资产突然覆没

表 12.9 所示为 2013 年至 2018 年双汇发展的杜邦分析数据。从表中的数据可以看出，双汇发展的权益乘数多年不超过 1.5，负债占比小，销售净利率

并不算高,那么支撑净资产收益率连年保持为 20% 以上的驱动因素在于总资产周转率。其销售净利率、总资产周转率一低一高的配置,表明其经营状况非常健康。

表 12.9 双汇发展的杜邦分析数据

时间	销售净利率(%)	总资产周转率(%)	权益乘数	净资产收益率(%)
2013 年	8.58	227.64	1.32	25.78
2014 年	8.84	207.88	1.34	24.62
2015 年	9.52	195.32	1.29	23.99
2016 年	8.50	242.81	1.42	29.31
2017 年	8.54	219.04	1.49	27.87
2018 年	10.04	214.00	1.67	35.88

表 12.10 所示为 2013 年至 2018 年莲花健康的杜邦分析数据。从表中的数据可以看出,莲花健康的销售净利率与总资产周转率呈现"双低"态势,如果没有较高的权益乘数,在正常年份,根本达不到这样的净资产收益率(虽然实际上也不并太高)。2015 年权益乘数达到了 187.17,说明其基本上已经没有净资产了,几乎全部资产均为负债。2017 年与 2018 年净资产全部亏光。6 年中,有 4 年在亏损,也是它达到如此境地的原因之一。

表 12.10 莲花健康的杜邦分析数据

时间	销售净利率(%)	总资产周转率(%)	权益乘数	净资产收益率(%)
2013 年	-15.25	78.35	5.13	-61.30
2014 年	1.20	76.06	4.72	4.31
2015 年	-28.60	79.07	187.17	-4 232.67
2016 年	3.68	85.12	69.20	216.76
2017 年	-5.56	98.09	-17.02	——
2018 年	-19.26	101.17	-3.45	——

我们不知道莲花健康在6年间出现4年亏损的具体原因,但因不能按时收回账款,而造成的现金短缺,或许是它经营状况连年下滑的原因。

12.3.3 大规模下跌背景下买入双汇发展

表12.11所示为双汇发展2008年的1、2、3季度的盈利指标数据,从表中数据可以看出,与第1季度相比,双汇发展2008年第3季度仅有销售净利率下降了0.58%,营业利润率与销售毛利率分别上涨了0.94%和1.14%,也就是说其股价变化是受2008年10月沪深股市大规模下跌的影响,与双汇发展的经营状况没有关系。而且其在2008年8月披露的二季度报显示,其经营也没有问题。因此最早可以在2008年8月时开始买入。

表12.11 双汇发展的盈利指标数据

时间	营业利润率(%)	销售毛利率(%)	销售净利率(%)
2008年第1季度	2.73	7.66	3.14
2008年第2季度	3.29	8.13	2.84
2008年第3季度	3.67	8.80	2.56

2008年8月收盘价38.80元,买入100股。

2008年10月收盘价27.85元,买入100股。共持有200股。

2009年4月10股派4元,收到股息80元。共持有200股,股息80元。

2010年7月10股派10元,收到股息200元。共持有200股,股息280元。

2011年7月10股派5元,收到股息100元。共持有200股,股息380元。

2012年5月10股派5.50元,收到股息110元。共持有200股,股息490元。

2013年5月10股转10股派13.50元,收到股息270元。共持有400股,股息760元。

2014年4月10股派14.50元,收到股息580元。共持有400股,股息1 340元。

2015年5月10股转5股派14.20元,收到股息568元。共持有600股,股息1 908元。

2016年4月10股派12.50元,收到股息750元。共持有600股,股息2 658元。

2016年9月10股派9元,收到股息540元。共持有600股,股息3 198元。

2017年5月10股派12元，收到股息720元。共持有600股，股息3 918元。

2018年4月10股派11元，收到股息660元。共持有600股，股息4 578元。

2018年12月10股派9元，收到股息540元。共持有600股，股息5 118元。

2019年4月10股派5.50元，收到股息330元。共持有600股，股息5 448元。

自2008年8月开始，共买入两次，总成本6 665元，减去收到的股息5 448元，平均每股成本2.03元。2019年12月20日收盘价29.91元，共盈利16 728元。

第13章

可自由支配的现金：自由现金流

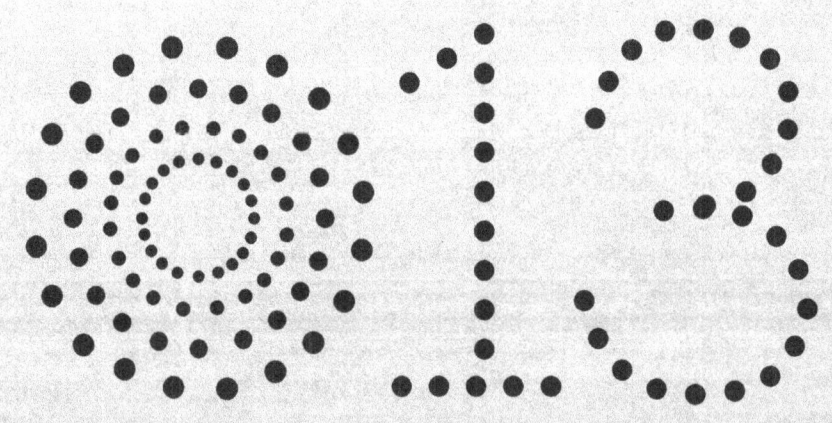

在格雷厄姆时代，财务报表只有利润表和资产负债表，对于现金的关注度并不高。随着商业活动的复杂性不断提高，现金逐步变成了比利润还重要的一项指标。

13.1　指标解析：可自由分配用于偿债或派息的现金

自由现金流的计算，要从现金流量表中提取数据。现金流量表与利润表的不同之处在于利润表采用的是权责发生制，而现金流量表采用的是收付实现制。

13.1.1　指标概念

例如，笔者经营一家超市，有人到这里买东西，手机钱包都忘带了，他说先把东西拿走，明天把钱还给笔者，而笔者表示同意。

此时我俩已达成了交易，笔者有权利向他索要货款，他有义务偿还货款。此时权利和义务已经是客观事实了，虽然没收到钱，但必须要把这一笔交易的利润记在利润表中，这种记账方法叫作权责发生制。

真实情况是，虽然达成了交易，但还没收到钱，只要没收到钱，就认为这笔利润还没收到，因此不能将这笔交易的利润记在当天的利润表中，要记在收到钱的那一天的利润表中。这种记账方法叫作收付实现制，就是在收款与付款、收货与出货都已经完成、实现后，才能将其记录下来。

利润表采用的是权制发生制，现金流量表采用的是收付实现制。利润表中，只要达成了交易，无论有没有收到钱，都视为赚到了这笔钱；现金流量表中，无论有多少笔交易，只要没收到钱，就不承认已经实现了交易。

利润表的好处是，一年中的生意，不是一天做完的，它是大致均衡地分布在一年的每一天中，只要达成了交易并且记录下来，就可以对这一年的数据进行分段考查，或者对这几年的数据进行分段考查，这样不仅便于数据统计，还能真实反映企业在某一年或某一时期内的收益。但利润表也有弊端，因为利润表不考查现金的收付情况，只要有利润就记录，但有些利润只见账不见钱，可能账面数据很漂亮，但钱却没收到。

现金流量表的好处是，企业的最终的目标就是获得现金，从融资现金到转变成车间、厂房、原材料，到变成商品销售出去后再变成现金，现金是起点，也是终点。如果脱离了现金去谈企业利润，利润就变得没有意义了。但现金流量表的弊端是它不能真实反映企业的经营状况，有些资金是需要隔一年或几年后才会到账，如果只看现金流量表，那么所有的企业都可能会出现有几年亏损、有几年大幅盈利的情况，这并不利于我们利用财务报表来评估企业。

利润表与现金流量表起到了相互补充说明的作用。现金流量表中前两项最为重要，即经营现金净流量和投资现金净流量。

首先，经营现金净流量，是指在企业经营过程中流入的现金减去流出的现金。例如，超市销售矿泉水就是超市的经营活动，去矿泉水生产企业进货，就是经营现金净流出，而销售矿泉水后收到的现金，就是经营现金净流入，两者相减为经营现金净流量。

其次，投资现金净流量，是指在经营中因投入设备等产生的现金流量，如夏天卖矿泉水，需要冰箱和冰柜，但冰箱和冰柜可以用几年、十几年，并不是一年一换。因此，如果购入冰柜需要 5 000 元，可以使用 10 年，那么按平均折旧计算，每一年冰柜的成本只有 500 元。类似这种可以用很久的设备，其投入的资金属于可长期摊销的成本。

或者可以理解为，经营现金净流量是这一年中赚的钱，投资现金流量是这一年为以后的经营所投资的钱。这两项之和，即为自由现金流。

自由现金流，最早是由美国西北大学的阿尔弗雷德·拉巴波特、哈佛大学的迈克尔·詹森等学者于 20 世纪 80 年代提出的，经历 20 多年的发展，特别是在以美国安伟捷育种公司、世通公司等为代表的曾经在财务报告中利润指标完美无瑕的所谓绩优公司纷纷破产后，已成为企业价值评估领域使用最广泛、理论最健全的指标之一。

自由现金流是指企业产生的、在满足了再投资需要后剩余的现金流量，这部分现金流量是在不影响公司持续发展的前提下可分配给企业资本供应者的最大现金额。简单地说，自由现金流是指企业经营活动产生的现金流扣除资本性支出的余额。

假设某企业通过经营赚得了 10 亿元，但如果下一年要继续生产，必须更换一批设备，这需要 8 亿元。这 8 亿元就是企业的再投资，既然是支出，应当记为 "-8 亿元"，因此自由现金流为 10+（-8）=2 亿元。

13.1.2　指标公式

自由现金流有复杂的算法，也有简单的算法，读者不必了解复杂算法的内部逻辑，只需要掌握最简单的算法。

复杂算法：自由现金流 = 息税前利润 ×（1- 税率）+ 折旧和摊销 - 营运资产变动 - 资本支出。

简单算法：自由现金流 = 经营现金净流量 + 投资现金净流量。

13.1.3　意义与作用

例如，刚刚开始工作，将每个月发的工资扣除下个月衣食住行的费用后，剩下的钱就是可以自由支配的钱。换成企业的概念，就是企业获得一年收入后，拿出下一年度必需的再投资，剩下的钱就是企业可以自由支配的钱。这笔钱，就称为自由现金流。

这笔钱可以干什么？如果是笔者，那么会拿出一部分，还给当初借给我钱的朋友；剩下的一部分，可以用来学习、旅游、提高自己，也是对自己的投资。或者换个角度来说，笔者是自己的股东，这是笔者用来回报股东的。如果是企业，一部分可用来偿债，一部分可以以股息的方式回报股东。

那么自由现金流可以理解为，扣除了企业必需的再投资，这一年中，能自由支配的现金有多少，可以拿来偿债与回报股东的钱有多少。因此自由现金流多，无论对股东还是债权人来说，都是一件让人高兴的事。如果企业的自由现金流很少，那么只能首先还债，因为债权人有第一追索权，如果没有剩余，股东这一年就没

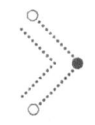

有收益；如果自由现金流为负值，股东不仅没有分红，还要拿往年的结余来还债。

因此利润表中即便是大幅盈利的，只要是应收账款无法收回，那么利润表中的盈利就是虚的。只有拿回了现金，才能算是真正的盈利。有很多资深的投资人，他们并不注重利润，而只在乎现金的回流。

自由现金流的引申意义，是考查企业能否健康持续地经营。如果每年都有大量投资，但经营现金净流量都无法覆盖投资的钱，长此以往，企业就会陷入危险的境地。例如，某人在成都做火锅生意，只开一家店时生意非常好，赚了很多钱。也正因为生意太好，导致他盲目自信，又不断地扩大、开分店，每一家分店都需要大量的投资。但这些投资，靠老店的现金净流入和新店极其微薄的盈利无法覆盖。最终这个人因为摊子铺得太大，投资额太高，资金链断裂而破产。

因此投资要慎重，要量入为出。如果企业在经营情况并不乐观的情况下，盲目加大投资，使自由现金流越来越少，最终会使企业陷入无法继续经营的境地。

另外，几乎企业的新鲜血液都来自经营现金净流量，如果企业经营得不好，这股新鲜血液就会断流。即便没有再进行投资，利润来源也会枯竭。

从自由现金流来看，涉及两方面，一方面为开源，另一方面为节流。这两方面都做好了，自由现金流才会走高，股东权益才会提高。

13.2 需要注意的问题：投资是企业持续生存必不可少的阶段

回到前面提到的卖矿泉水的例子，一台冰柜需要 5 000 元，可以使用 10 年，如果 10 年都无法赚回 5 000 元，那么这笔生意就彻底亏损了。当然这种极端的情况很少出现，最好的情况是，一年赚的钱可以买很多台冰柜。

但真正的企业经营并不是这样的，车间、厂房、设备、专利费用等一次性投资可能是非常高的，一年内可能确实无法赚回来，或许需要几年。几年也没关系，就怕每年都投入，但每年都赚不回来，从而导致自由现金流常年为负值。

表 13.1 所示为 2013 年至 2018 年大连天宝绿色食品股份有限公司（以下简称"天宝股份"）的自由现金流数据。表中只给出 2013 年之后的数据，其实从 2011 年至 2014 年，天宝股份连续 4 年自由现金流为负值。这 4 年中，每一年投

资都比收入高，导致即便这4年有盈利，流入的现金也都投入到再生产中去了，或者说经营了4年并没有见到现金回流。

即便如此，过了4年的投资周期，天宝股份在2015年和2016年是否将投资的成本收回了呢？近6年的自由现金流加总后为-10.22亿元。但不能说天宝股份4年间流失了10.22亿元现金，而是将现金进行了再投资。例如，用3 000元买了一台iPad，不能说损失了3 000元，而是要说3 000元现金变成了价值3 000元的资产。

表13.1 天宝股份的自由现金流数据

单位：亿元

时间	经营现金净流量	投资现金净流量	自由现金流
2013年	2.07	-7.26	-5.19
2014年	-0.43	-4.74	-5.17
2015年	1.47	-0.37	1.10
2016年	2.42	-0.91	1.51
2017年	-2.91	-0.30	-3.21
2018年	1.01	-0.27	0.74

再看天宝股份的经营情况，表13.2所示为2013年至2018年天宝股份的杜邦分析数据。从表中的数据可以看出，天宝股份2013年与2017年的销售净利率差不多，但总资产周转率却相差很大，2018年亏损，总资产周转率越高，反而亏损的越多。天宝股份的净资产收益率情况并没有改善，反而越来越低了。这6年间天宝股份的销售净利率与总资产周转率呈现"双低"的态势，全靠权益乘数来支撑净资产收益率。

表13.2 天宝股份的杜邦分析数据

时间	销售净利率（%）	总资产周转率（%）	权益乘数	净资产收益率（%）
2013年	8.94	42.12	2.16	8.13
2014年	8.40	28.33	2.38	5.66
2015年	10.15	33.63	2.40	8.19
2016年	12.32	30.91	1.80	6.85

续表

时间	销售净利率（%）	总资产周转率（%）	权益乘数	净资产收益率（%）
2017年	9.15	28.57	1.86	4.86
2018年	−15.88	20.91	1.92	−6.38

天宝股份自由现金流多年为负值，如果企业是将资金拿去做再投资了，目的是赚更多的钱，这倒可以理解。但这些钱花出去了，企业的经营状况并没有改善，反而越发不如从前了，这令人难以理解。

企业进行再投资当然没有错，任何一家企业建立的初衷都是为了持续发展。但利用现金流量表考查自由现金流时，也要结合企业的发展情况，进行综合考量。如果情况并不乐观，则不应介入。

13.3　寻找优质资产：招商港口与中国石油

招商局港口集团股份有限公司（以下简称"招商港口"）与中国石油皆为"一带一路"概念股，一个提供港口集散地，另一个提供能源动力。在同一个大框架下，具有同类可比性。

招商港口主营业务：集装箱和散杂货的港口装卸、仓储、运输及其他配套服务。公司旗下拥有华南地区重要的进出口港口区——赤湾港区及与其配套的港口服务企业18家。赤湾港区处于珠三角的腹地，是泛珠三角出海口。

中国石油主营业务：原油及天然气的勘探、开发、生产和销售；原油及石油产品的炼制，基本及衍生化工产品、其他化工产品的生产和销售；炼油产品的销售及贸易业务；天然气、原油和成品油的输送及天然气的销售。推进"一带一路"发展倡议将列入石化"十三五"规划的重点；推出一批重点的合作项目，开拓一批新兴市场，规划建设若干海外石化、化工的产业园区。

13.3.1　数据对比：自由现金流

表13.3所示为2013年至2018年招商港口与中国石油的自由现金流数据。从表中的数据可以看出，虽然中国石油的自由现金流的绝对值高于招商港

口，但按投资现金净流量对于经营现金净流量的占比来说，招商港口要比中国石油小得多。特别是 2015 年，投资现金净流量只有 29 万余元（此为实际数额，表中 2015 年投资现金记为 0 元），相比 9.78 亿元的经营现金净流量，基本就是九牛一毛。因此从自由现金流的保证金量来看，招商港口更胜一筹。

在企业再投资创造更多的投资回报的方面，招商港口这种码头集散企业，对于投入没有太多的要求，只要满足基础设施需求即可；而中国石油，不但要为勘探投资，还要为在各地设立的加油站投资，摊子铺得大，虽然营业收入和经营现金净流量很多，但剩下的钱并没有多少。

表 13.3 招商港口与中国石油的自由现金流数据

单位：亿元

时间	招商港口			中国石油		
	经营现金净流量	投资现金净流量	自由现金流	经营现金净流量	投资现金净流量	自由现金流
2013 年	8.97	-3.36	5.61	2 885.29	-2 665.10	220.19
2014 年	8.18	-0.63	7.55	3 564.77	-2 908.38	656.39
2015 年	9.78	0.00	9.78	2 613.12	-2 158.79	454.33
2016 年	8.28	-0.90	7.38	2 651.79	-1 758.87	892.92
2017 年	34.75	20.84	55.59	3 666.55	-2 435.46	1 231.09
2018 年	42.89	-151.49	-108.60	3 515.65	-2 677.32	838.33

13.3.2 杜邦分析：持续双双走低态势

表 13.4 所示为 2013 年至 2018 年招商港口的杜邦分析数据。从表中的数据可以看出，招商港口的销售净利率与总资产周转率，在 2013 年至 2016 年几乎没有变化，而权益乘数逐步变低，说明招商港口在不断地赚钱，减少了总资产中的负债部分，增加了总资产中的净资产部分，净资产占比越来越大，权益乘数越来越小；净资产收益率在销售净利率和总资产周转率保持不变的情况下不断降低，这种降低是非常健康的。

问题在于 2017 年开始，总资产周转率呈现断崖式下跌，导致 2017 年净资产收益率跌至 3.21%。如果招商港口每年的净资产收益率低于长期国债利率，还不如直接买国债了。2017年是招商港口的经营转折点。

表13.4 招商港口的杜邦分析数据

时间	销售净利率（%）	总资产周转率（%）	权益乘数	净资产收益率（%）
2013年	28.24	24.24	1.55	10.61
2014年	23.16	26.02	1.42	8.56
2015年	28.19	27.09	1.32	10.08
2016年	27.93	28.78	1.17	9.40
2017年	31.34	6.91	1.48	3.21
2018年	11.23	7.58	1.59	1.35

表13.5所示为2013年至2018年中国石油的杜邦分析数据。从表中的数据可以看出，中国石油的权益乘数近6年几乎无变化，说明其资产结构没有变化；在总资产周转率未大变的情况下，其销售净利率呈下降趋势，导致其净资产收益率也呈下降趋势。

表13.5 中国石油的杜邦分析数据

时间	销售净利率（%）	总资产周转率（%）	权益乘数	净资产收益率（%）
2013年	5.73	96.58	1.84	10.18
2014年	4.70	94.61	1.83	8.14
2015年	2.06	72.38	1.78	2.65
2016年	0.49	67.50	1.75	0.58
2017年	1.13	84.17	1.74	1.65
2018年	2.24	96.31	1.73	3.73

虽然中国石油的自由现金流的绝对值非常高，但股东并没有获得多少收益，最高时每10股派息3元左右，近两年每10股派息不足1元。可以说中国石油并没有给股东带来多少回报。并且数额巨大的投资净流出，经由再投资，从不足1%的净资产收益率也可以看出，中国石油并没有使股东受益。

13.3.3 极简市盈率买入法：招商港口

1999年至2016年招商港口的7年平均每股收益与15倍长期平均市盈率价格数据如表13.6所示。

表13.6 招商港口年平均每股收益与15倍长期平均市盈率价格数据

单位：元

时间	7年平均每股收益	15倍长期平均市盈率价格
1999年至2005年	0.60	9.00
2000年至2006年	0.71	10.65
2001年至2007年	0.83	12.45
2002年至2008年	0.94	14.10
2003年至2009年	0.96	14.40
2004年至2010年	0.98	14.70
2005年至2011年	0.92	13.80
2006年至2012年	0.87	13.05
2007年至2013年	0.84	12.60
2008年至2014年	0.79	11.85
2009年至2015年	0.76	11.40
2010年至2016年	0.79	11.85
2011年至2017年	0.77	11.55
2012年至2018年	0.74	11.10

2008年10月收盘价9.43元，买入100股。

2008年11月收盘价10.02元，买入100股，共持有200股。

2008年12月收盘价9.54元，买入100股，共持有300股。

2009年1月收盘价10.22元，买入100股，共持有400股。

2009年2月收盘价10.56元，买入100股，共持有500股。

2009年4月收盘价12.38元，买入100股，共持有600股。

2009年5月收盘价12.88元，买入100股，共持有700股。

2009年7月10股派5元，收到股息350元。

2009年8月收盘价12.19元，买入100股，共持有800股，股息350元。

2009年9月收盘价12.54元，买入100股，共持有900股，股息350元。

2010年4月收盘价14.15元，买入100股，共持有1 000股，股息350元。

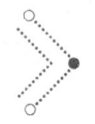

2010年5月收盘价12.48元，买入100股，共持有1 100股，股息350元。

2010年6月收盘价11.54元，买入100股，共持有1 200股，股息350元。

2010年7月收盘价13.05元，买入100股，共持有1 300股，股息350元。

2010年8月10股派3.20元，收到股息416元，共持有1 300股，股息766元。

2010年9月收盘价13.54元，买入100股，共持有1 400股，股息766元。

2010年11月收盘价14.04元，买入100股，共持有1 500股，股息766元。

2010年12月收盘价14.03元，买入100股，共持有1 600股，股息766元。

2011年5月收盘价14.26元，买入100股，共持有1 700股，股息766元。

2011年6月收盘价13.99元，买入100股，共持有1 800股，股息766元。

2011年7月10股派4.63元，收到股息833.40元，收盘价13.21元，买入100股，共持有1 900股，股息1 599.40元。

2011年8月收盘价12.21元，买入100股，共持有2 000股，股息1 599.40元。

2011年9月收盘价11.24元，买入100股，共持有2 100股，股息1 599.40元。

2011年10月收盘价11.13元，买入100股，共持有2 200股，股息1 599.40元。

2011年11月收盘价10.51元，买入100股，共持有2 300股，股息1 599.40元。

2011年12月收盘价9.31元，买入100股，共持有2 400股，股息1 599.40元。

2012年1月收盘价9.63元，买入100股，共持有2 500股，股息1 599.40元。

2012年2月收盘价10.25元，买入100股，共持有2 600股，股息1 599.40元。

2012年3月收盘价9.39元，买入100股，共持有2 700股，股息1 599.40元。

2012年4月收盘价10.43元，买入100股，共持有2 800股，股息1 599.40元。

2012年5月收盘价10.45元，买入100股，共持有2900股，股息1 599.40元。

2012年6月收盘价10.96元，买入100股，共持有3 000股，股息1 599.40元。

2012年7月10股派4元，收到股息1 200元，收盘价9.07元，买入100股，共持有3 100股，股息2 799.40元。

2012年8月收盘价8.82元，买入100股，共持有3 200股，股息2 799.40元。

2012年9月收盘价8.70元，买入100股，共持有3 300股，股息2 799.40元。

2012年10月收盘价8.79元，买入100股，共持有3 400股，股息2 799.40元。

2012年11月收盘价9.05元，买入100股，共持有3 500股，股息2 799.40元。

2012年12月收盘价10.17元，买入100股，共持有3 600股，股息2 799.40元。

2013年3月收盘价12.87元，买入100股，共持有3 700股，股息2 799.40元。

2013年6月收盘价10.44元，买入100股，共持有3 800股，股息2 799.40元。

2013年7月10股派3.63元，收到股息1 379.40元，收盘价10.27元，买入100股，共持有3 900股，股息4 178.80元。

2014年7月10股派3.90元，收到股息1 521元，共持有3 900股，股息5 699.80元。

2015年7月10股派3.24元，收到股息1 263.60元，共持有3 900股，股息6 963.40元。

2016年7月10股派4.1元，收到股息1 599元，共持有3 900股，股息8 562.40元。

2017年8月10股派4.96元，收到股息1 934.40元，共持有3 900股，股息10 496.80元。

2017年11月停牌，2018年3月公布2017年年报，净资产收益率走低，已经低于长期国债利率，给出卖出信号。2018年7月复牌，以开盘价20.55元卖出。

从2008年10月开始买入，共买入39次，总成本为43 774元，减去收到的股息10 496.80元，每股平均成本为8.53元。平仓价为20.55元，总盈利46 878元。

第14章

养老概念股分析

首先切入养老概念,通过问财网,在笔者写作时,可以查到沪深股市共有42只股票涉及养老概念。笔者从中选取几只股票,用前面讲到的方法对其进行分析,以使读者对前面讲到的方法有更深入的理解。

14.1 中新药业

天津中新药业集团股份有限公司(以下简称中新药业)主营业务为中药材、中成药、化学药、营养保健品的加工、批兼零、制造。

14.1.1 中新药业的杜邦分析数据

表14.1所示为2013年至2018年中新药业的杜邦分析数据。近6年中,除2016年外,中新药业的净资产收益率都在10%以上,主要考查的是它的杠杆是否过大。

表 14.1 中新药业的杜邦分析数据

时间	销售净利率(%)	总资产周转率(%)	权益乘数	净资产收益率(%)
2013 年	5.86	114.22	2.04	13.65
2014 年	5.05	130.35	1.84	12.11
2015 年	6.37	116.67	1.48	11.00
2016 年	6.83	97.14	1.48	9.82
2017 年	8.37	85.91	1.43	10.28
2018 年	8.84	89.50	1.41	11.16

中新药业 6 年来权益乘数并不算高，并且不断走低，2016 年资产负债率仅有 30.90%，因此中新药业净资产收益率的增长，负债杠杆并不是驱动因素。因其销售净利率较低，所以中新药业的总资产周转率才是真正驱动企业持续盈利的因素。

14.1.2 中新药业的现金状况

虽然中新药业的净资产收益率大部分时间高于 10%，但其总资产周转率近 5 年不断下滑，销售净利率的走高速率又跟不上总资产周转率下降的速率，致使净资产收益率有所下滑，但幅度并不大。表 14.2 中的数据显示除 2017 年外，其每股经营现金净流量均为正值，自由现金流常年为正值，表明可自由支配的现金非常充裕。

表 14.2 中新药业各种现金流数据

时间	每股经营现金净流量（元）	自由现金流（亿元）	经营现金净流量（亿元）	净利润（亿元）	盈余现金保障倍数
2013 年	0.29	0.47	2.13	3.52	0.61
2014 年	0.39	3.89	2.87	3.58	0.80
2015 年	0.47	-0.67	3.61	4.51	0.80
2016 年	0.55	5.09	4.20	4.22	1.00
2017 年	-0.01	1.93	-0.04	4.76	-0.01
2018 年	0.46	7.32	3.50	5.62	0.62

中新药业 2013 年至 2018 年的盈余现金保障倍数低于（等于）1，在 2017 年小于 0。2016 年已经非常接近 1 了，2018 年再次上升。无论从哪个方面讲，中新药业都在朝好的方向发展。在资产结构、盈利能力和现金回流的问题上，中新药业基本都没太大问题。

14.1.3 中新药业的投资收益

中新药业的净资产收益率先降后升，2016 年达到谷底，这是什么原因造成的？

在销售净利率方面，中新药业 2016 年的 6.83% 并不是历年最低，相对于前几年还略有上涨。问题在于总资产周转率的下降，导致了 2016 年的净资产收益率达到最近 6 年最低。如果要找原因，应该找总资产周转率下降的原因。从已知的数据看，2014 年至 2016 年，销售净利率在上升，总资产周转率在下降，一升一降的态势，只要搭配得当，并不会使净资产收益率的下降。关键问题在于 2014 年至 2016 年的权益乘数不断下降，杠杆降低了，偿债风险逐步变小，因此净资产收益率才会降低。这种下降是良性的下降。

在主营业务之外的收入为投资收益，表 14.3 所示为 2013 年至 2018 年中新药业去除投资收益后的销售净利率数据。股权投资是以参股的形式投资其他企业，能否获得收益全看被投资者的经营能力，这是一项难以控制的收益。如果将投资收益从净利润里剥离，可以得到剥离了投资收益后简单计算的销售净利率。中新药业 6 年来去除投资收益后的销售净利率始终保持为 4% 左右，可以说相当平稳，且 2018 年还突破了 5% 的天花板。当然，这种算法过于简单，并未考虑投资收益及缴纳所得税的不同，但大致意思是一样的。

表 14.3 中新药业去除投资收益后的销售净利率数据

时间	净利润（亿元）	营业收入（亿元）	投资收益（亿元）	去除投资收益后的销售净利率（%）
2013 年	3.52	60.10	1.05	4.11
2014 年	3.58	70.87	0.84	3.87
2015 年	4.51	70.81	1.32	4.51
2016 年	4.22	61.79	1.80	3.92
2017 年	4.76	56.89	1.95	4.94
2018 年	5.62	63.59	1.65	6.24

剩下的问题就是 2015 年、2016 年、2017 年的总资产周转率降低的原因了。我们知道，企业净资产收益率的两大驱动因子为销售利润率和总资产周转率。通常情况下，都是以一高一低，或一低一高的态势出现，经营不好的企业以"双低"的态势出现，但很少有"双高"的态势。因为无法想象，一种商品卖得又贵，周转率又高。因此从这个方面来看，在销售净利率走高的情况下，总资产周转率降低，是正常的。表 14.4 所示为 2013 年至 2018 年中新药业的营业收入与总资产数据。

表 14.4 中新药业的营业收入与总资产数据

时间	营业收入（亿元）	总资产（亿元）	总资产周转率（%）
2013 年	60.10	52.62	114.22
2014 年	70.87	54.37	130.35
2015 年	70.81	60.69	116.67
2016 年	61.79	63.61	97.14
2017 年	56.89	66.22	85.91
2018 年	63.59	71.05	89.50

从表 14.4 的数据中可以看到，总资产周转率公式中的分子营业收入从 2014 年开始震荡走低，分母总资产同期不断增加，使得总资产周转率比值降低。这当然是好事，企业规模越大，资产越多，周转自然会越慢。可以想一下，用 1 万元再赚 1 万元，应该很容易；但是如果想用 100 亿元再赚 100 亿元，这种难度就不是一个量级上的了。

但也要考查一下，中新药业的总资产升高时，到底是净资产增多了，还是负债增多了。其实从权益乘数不断变小的情况来看，我们已经知道了答案，是净资产的比例不断提高。负债基本未变，而净资产增加了 1 倍以上。表 14.5 所示为 2013 年至 2018 年中新药业的负债与净资产数据。

表 14.5 中新药业的负债与净资产数据

单位：亿元

时间	总负债	净资产	总资产
2013 年	26.87	25.75	52.62
2014 年	24.91	29.47	54.37
2015 年	19.64	41.05	60.69
2016 年	20.58	43.02	63.61
2017 年	19.96	46.25	66.22
2018 年	20.51	50.54	71.05

综上,给中新药业做一个总结,11%左右的净资产收益率是中新药业的真实水平,企业良性发展,体量不断变大,总资产周转率降低属于正常现象。难能可贵的是,在总资产周转率降低的同时,还能提高销售净利率,并且在降杠杆的条件下,还可使净资产收益率保持平稳。

14.2 哈药股份

哈药集团股份有限公司(以下简称"哈药股份")的主营业务为医药产品的生产和销售。

14.2.1 哈药股份的杜邦分析数据

表14.6所示为2013年至2018年哈药股份的杜邦分析数据。从表中的数据可以看到,哈药股份的净资产收益率近6年平均数为5.49%,虽然这个数据不高,但2013年至2016年,净资产收益率由1.93%上涨至9.48%,值得进一步分析。

表14.6 哈药股份的杜邦分析数据

时间	销售净利率(%)	总资产周转率(%)	权益乘数	净资产收益率(%)
2013年	0.93	109.91	1.89	1.93
2014年	1.50	101.64	1.85	2.82
2015年	3.66	115.18	1.84	7.76
2016年	5.58	93.85	1.81	9.48
2017年	3.39	87.73	1.83	5.44
2018年	3.20	90.87	1.89	5.50

其权益乘数近6年并没有太大的变化,销售净利率由2013年的0.93%上涨至2016年的5.58%,上涨速率非常快,伴随着总资产周转率慢速下跌,一高一低呈现平衡态势。

14.2.2 哈药股份的现金状况

表 14.7 所示为 2013 年至 2018 年哈药股份的各种现金流数据。从表中的数据可以看出，哈药股份除 2018 年外无论是每股经营现金净流量，还是自由现金流，常年为正值，说明可以自由支配的现金充裕。账面利润很高，从经营现金净流量数据可以看出其回收的现金更多，看来哈药股份并不缺现金。

表 14.7 哈药股份的各种现金流数据

时间	每股经营现金净流量（元）	自由现金流（亿元）	经营现金净流量（亿元）	净利润（亿元）	盈余现金保障倍数
2013 年	0.07	-1.56	1.42	1.69	0.84
2014 年	0.59	7.51	11.36	2.47	4.60
2015 年	0.87	13.76	16.60	5.80	2.86
2016 年	1.09	27.02	27.78	7.88	3.53
2017 年	0.06	0.81	1.49	4.07	0.37
2018 年	0.27	-1.11	6.93	3.46	2.00

哈药股份有很好的现金流数据，以及在 2014 年其净资产收益率出现了拐点，好像最艰难的时刻过去了，一切都是那么美好。可 2017 年哈药股份的净资产收益率又呈现断崖式下跌。本着向哈药股份学习的态度，找到它变好与变坏的原因，要挖掘出其真正的驱动因素。

14.2.3 哈药股份的销售费用和管理费用

哈药股份的净资产收益率，就像一辆惊险刺激的过山车一样"上蹿下跳"，首先要弄清楚，2013 年以后其为什么上涨，2017 年以后为什么下跌。

哈药股份的总资产周转率与权益乘数基本未变，唯一跟随净资产收益率大幅度变化的只有销售净利率，因此主要症结应该在销售净利率上。表 14.8 所示为 2013 年至 2018 年哈药股份的净利润和营业收入数据。2013 年至 2017 年净利润不断增加，但营业收入不断下降。营业收入是企业经营之本，除营业外收入外，一切净利润都来源于营业收入。如果营业收入下降，净利润升高，一定存在问题。2017 年净利润不再升高而转跌，近 6 年间，营业收入不断下降，企业盈利能力必会受到质疑。

表 14.8 哈药股份的净利润和营业收入数据

单位：亿元

时间	净利润	营业收入
2013 年	1.69	180.92
2014 年	2.47	165.09
2015 年	5.80	158.56
2016 年	7.88	141.27
2017 年	4.07	120.18
2018 年	3.46	108.14

为什么哈药股份的营业收入下降时，净利润还会升高？其先看投资收益，近 6 年的利润表中，只有 2017 年的投资收益达到了 0.30 亿元，其他都很低，但这不能影响净资产收益率。因此其销售净利率的不稳定与投资收益没有太大的关系，下一步从营业成本和三大费用下手。表 14.9 所示为 2013 年至 2018 年哈药股份的营业成本与三大费用数据。

表 14.9 哈药股份的营业成本与三大费用数据

单位：亿元

时间	营业收入	营业成本	管理费用	销售费用	财务费用
2013 年	180.92	127.46	17.07	31.37	-0.34
2014 年	165.09	119.65	16.51	23.03	-0.49
2015 年	158.56	119.04	18.10	11.32	-0.35
2016 年	141.27	103.92	18.02	7.62	-0.28
2017 年	120.18	89.07	16.80	7.61	-0.50
2018 年	108.14	78.68	17.08	6.20	-0.06

营业成本随着营业收入下跌，卖得少，当然成本就少。三大费用中，管理费用与财务费用基本未变，减少幅度最大的是销售费用。由 2013 年的 31 亿元以上的投入，减少到 2018 年仅有 6 亿多元的投入。

2013年5月14日的腾讯新闻中标题为《上市药企2012年广告费超68亿元，哈药居首》的文章写道："随手打开电视，每个电视频道中最常见的广告就是医药类广告，而广告费用支出也是医药上市类公司的重要支出之一。据记者通过同花顺数据统计，共有108家药企公布了去年公司的广告费用支出，金额总计超68.76亿元，其中哈药股份以近9亿元的广告费用位居首位，占总额的13.09%，上海医药以8.8亿元的广告费用居第二。"

哈药股份2013年营业收入相比2012年增加了约4.30亿元，同时营业成本增加了约7.10亿元，销售费用增加了2.90亿元。收入上涨约4.30亿元，成本和费用上涨了约10亿元，几项相抵后，其营业利润相比2012年就少了约5.70亿元。因此2013年哈药股份净资产收益率的降低，诱因为销售费用的持续上涨和成本的增长速度超过了营业收入的增长速度。

截至2013年，哈药股份净资产收益率的下降是由于其成本增加、销售费用激增造成的。

再看杜邦分析数据，哈药股份的净资产收益率在2014年出现了拐点，虽然营业收入下降了15.83亿元。但同时营业成本也下降了7.84亿元，销售费用下降了8.34亿元，共下降了16.15亿元。几项相抵后，其营业利润便比2013年多出了0.32亿元。利润增长额虽然不大，成本控制还未达到理想状态，但是销售费用已经回归了正常水平。

哈药股份2015年营业收入下降6.53亿元，营业成本下降0.61亿元，销售费用下降11.71亿元；2016年营业收入下降17.29亿元，成本下降15.12亿元，销售费用下降3.70亿元。

从上述两组数据可以推断出，虽然哈药股份在2014年出现了净资产收益率的拐点，但这些都是在销售费用上做出的让步，营业成本并没有得到控制，营业收入并没有打开新的源头。2014年，其销售费用从20亿元左右的正常水平，下降到了2016年的7.62亿元，是销售水平提高了？还是强行削减销售费用，用来提高净利润？不得而知。

但我们知道，如果企业要想持续发展，就要开源与节流同时进行。开源便是增加营业收入，节流为将成本和费用控制在正常水平。下面，分析一下哈药股份的做法。

首先,哈药股份的营业收入从 2013 年开始,便一降再降,而营业成本的降幅始终赶不上营业收入的降幅。其次,削减销售费用过于苛刻,以致使人怀疑,这会不会影响企业的正常发展?为什么 2017 年的净资产收益率会下降呢?因为 2017 年开始,销售费用下降的数额几乎可以忽略。在经营情况持续恶化的条件下,费用降无可降,不能再通过降费来缓解经营了。因此净资产收益率走高的真相浮出水面。最后,如果企业管理层有诚意,应该让销售费用回归到正常水平的同时,削减管理费用(自 2017 年开始,研发费用从管理费用中分离,研发费用作为一种费用单列一项,为了数据的连续性,本书中的管理费用为报表中的管理费用与研发费用之和),但是并没看到这种诚意。6 年中,不论哈药股份的经营状况如何,管理费用却基本未变,始终保持为 17 亿元左右。按沃伦·巴菲特的建议,管理费用占营业利润的 10% 是一条警戒线,哈药股份的管理费用相对于营业利润的占比数据如表 14.10 所示。

表 14.10 哈药股份管理费用对营业利润占比数据

时间	管理费用(亿元)	营业利润(亿元)	管理费用占比(%)
2013 年	17.07	2.38	717.23
2014 年	16.51	3.40	485.59
2015 年	18.10	7.41	244.26
2016 年	18.02	9.66	186.54
2017 年	16.80	6.56	256.10
2018 年	17.08	5.27	324.10

哈药股份 2014 年的年报一出,各大财经媒体纷纷发文表示,哈药股份的发展已经出现了拐点,其最坏的时期已经过去。但时至今日,有许多股票的价格都已经超过了其 2015 年的高点,而哈药股份的股价却在不断地下跌,并未见起色。图 14.1 所示为哈药股份后复权月线图。

基于以上的分析,按照筛选股票的条件,并不急于介入哈药股份,可以等待它的成本控制和营业收入转好后,再考虑介入。

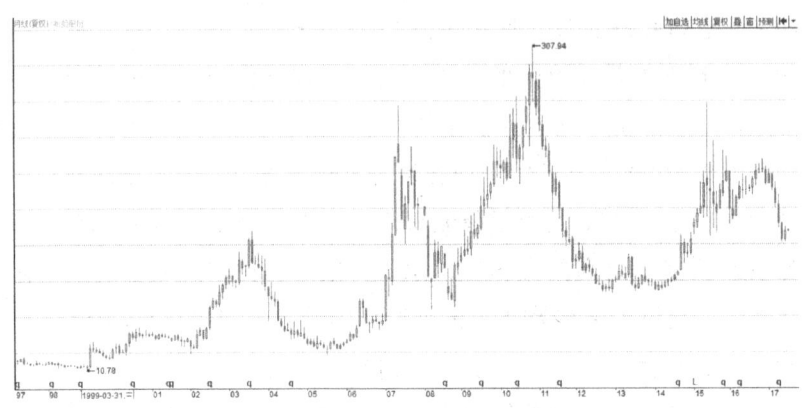

图 14.1 哈药股份后复权月线图

14.3 双箭股份

浙江双箭橡胶股份有限公司（以下简称双箭股份）的主营业务为橡胶输送带的研发、生产和销售。双箭股份 2013 年和 2014 年共投入约 5 000 万元用于增资桐乡和济养老服务投资有限公司，2016 年以 2 070 万元收购桐乡和济颐养院有限公司，出资 3 000 万元成立上海双箭红日家园投资管理有限公司，以 1.6 亿元成立上海双箭健康科技有限公司。

14.3.1 双箭股份的杜邦分析数据

表 14.11 所示为 2013 年至 2018 年双箭股份的杜邦分析数据。从表中的数据可以看出，双箭股份净资产收益率总体不高，其 2016 年销售净利率与总资产周转率双双走低，但 2016 年前的数据走势良好。双箭股份是养老概念的龙头企业，下面将进行分析，找出双箭股份净资产收益率降低的原因。

表 14.11 双箭股份的杜邦分析数据

时间	销售净利率（%）	总资产周转率（%）	权益乘数	净资产收益率（%）
2013 年	12.71	81.39	1.26	13.03
2014 年	12.07	72.93	1.27	11.18

续表

时间	销售净利率（%）	总资产周转率（%）	权益乘数	净资产收益率（%）
2015 年	11.22	62.56	1.24	8.70
2016 年	5.04	44.19	1.36	3.03
2017 年	9.93	54.87	1.22	6.65
2018 年	11.49	63.79	1.25	9.16

14.3.2 双箭股份的定增收购

双箭股份的杜邦数据最大的特点在于以 2013 年开始净资产收益率、销售净利率与总资产周转率都呈降低态势；2016 年降至谷底后，2017 年与 2018 年上涨。

销售净利率的降低与净利润和营业收入有关，并不是因为净利润单方面下降，而是因为净利润与营业收入同时下降。因此需要从投资收益、成本与三大费用着手。

表 14.12 所示为 2013 年至 2018 年双箭股份的净利润与营业收入数据。双箭股份 2014 年的投资收益仅有 46 万元，2015 年与 2016 年分别为 6 万元和 5 万元，可见投资收益并没有影响其净利润的走向。下一步将考查双箭股份的营业成本与三大费用。

表 14.12 双箭股份的净利润与营业收入数据

单位：亿元

时间	净利润	营业收入
2013 年	1.44	11.33
2014 年	1.33	11.02
2015 年	1.07	9.54
2016 年	0.54	10.72
2017 年	1.13	11.38
2018 年	1.56	13.58

表 14.13 所示为 2013 年至 2018 年双箭股份的营业成本与三大费用数据。从表 14.11 的数据可以看出，双箭股份 2014 年净资产收益率的下跌并不明显，主要问题集中在 2015 年和 2016 年。2015 年其营业收入下降了 1.48 亿元，同时营

业成本下降了 1.05 亿元，成本的下降速度慢于营业收入的下降速度，当期营业利润额至少下降了 0.43 亿元。2016 年营业收入上涨 1.18 亿元，营业成本上涨 1.05 亿元，但管理费用和销售费用也分别上涨了 0.48 亿元和 0.30 亿元。如此一来 2016 年的营业利润额反而减少了 0.65 亿元。

表 14.13　双箭股份的营业成本与三大费用数据

单位：亿元

时间	营业收入	营业成本	管理费用	销售费用	财务费用
2013 年	11.33	8.11	0.73	0.74	-0.03
2014 年	11.02	7.89	0.85	0.73	-0.04
2015 年	9.54	6.84	0.87	0.63	-0.11
2016 年	10.72	7.89	1.35	0.93	-0.05
2017 年	11.38	9.04	1.07	0.77	0.08
2018 年	13.58	10.11	1.06	0.76	-0.13

虽然数额不大，但双箭股份的各项数据的绝对值都非常小，因此只要有一点点的起伏，就会造成净资产收益率的大幅波动。总的来说，双箭股份 2015 年营业利润下降的原因在于营业成本的控制不得当，2016 年营业利润下降的原因在于管理费用与销售费用过高。

再来看总资产周转率，表 14.14 所示为 2013 年至 2018 年双箭股份的营业收入与总资产数据。从表中的数据可以看出，双箭股份 2013 年至 2015 年总资产的涨幅很均匀，其中 2014 年和 2015 年的总资产周转率下降，是因为营业收入的下降和总资产的增高共同造成的。但 2016 年营业收入已经提高了，可是总资产的增幅更快，一年上涨了 9.01 亿元，上涨幅度为 59.08%，造成了总资产周转率直线下跌至 44.19%。

表 14.14　双箭股份的营业收入与总资产数据

单位：亿元

时间	营业收入	总资产
2013 年	11.33	13.92
2014 年	11.02	15.11

续表

时间	营业收入	总资产
2015 年	9.54	15.25
2016 年	10.72	24.26
2017 年	11.38	20.74
2018 年	13.58	21.29

前面分析过，双箭股份的营业收入和成本、费用，总资产增长的这 9.01 亿元不是通过经营赚到的。因此，有必要分析总资产增长的这 9.01 亿元到底是从哪里来的。

表 14.15 所示为 2013 年至 2018 年双箭股份的总负债与资产数据。从表中的数据可以看出，双箭股份 2013 年至 2015 年的总负债基本无变化，净资产缓慢增长。相对 2015 年，2016 年的总负债增加了 3.45 亿元，净资产增加了 5.56 亿元。即便净资产增加的速度比总负债更快，可是凭着双箭股份 2015 年的盈利能力，净资产也不会达到 5.56 亿元的增幅。

表 14.15　双箭股份的总负债与资产数据

单位：亿元

时间	总负债	净资产	总资产
2013 年	2.83	11.09	13.92
2014 年	3.18	11.93	15.11
2015 年	2.99	12.26	15.25
2016 年	6.44	17.82	24.26
2017 年	3.76	16.96	20.74
2018 年	4.21	17.07	21.29

2016 年 2 月 3 日，双箭股份增发 A 股，募集资金 4.62 亿元，并且在 2016 年 8 月 20 日将这笔资金分别用在：增资北京约基工业股份有限公司 58% 的股份，耗资 3.36 亿元；补充流动资金 1.26 亿元。双箭股份 2016 年收购了北京约基工业股份有限公司，但从双箭股份的盈利能力分析上来看，这并没有给双箭股份

带来多大的改变。

再看 2016 年跌至谷底的净资产收益率，在 2017 年上升的原因。首先从销售净利率的角度看，2017 年的净利润增长明显，两年时间营业收入上升了 30% 左右，净利润翻了 2 倍多。净利润哪里来的？2017 年的成本与三大费用比例基本没变，问题出在年投资收益 0.56 亿。2017 年净利润增长的 0.59 亿元，几乎都来自非经常性的投资收益。如果剔除投资收益，2017 年的盈利能力并没有变化，不过 2017 年的三大费用都有所下降，并且 2018 年保持在这一水平，为 2018 年盈利打下了基础。

最后给双箭股份做一个总结，2015 年开始的销售净利率与总资产周转率的双双下降，是净资产收益率下降的主要诱因。其中，2015 年下降的主要原因为成本控制不得当，2016 年下降的主要原因为管理费用与销售费用大幅增长。并且 2016 年出资收购北京约基工业股份有限公司后，当年并没有为企业带来业绩的增长，反而加大了费用的支出。2018 年在降三费的情况下，提升了净利润，最终促使净资产收益率上升。

未来对双箭股份的关注点在于，2019 年是否能在三大费用保持低位的同时，进一步提升净利润，保持净资产收益率持续上涨。双箭股份的净资产收益率目前低于 10%，并不是特别好的长期投资标的。

14.4 康恩贝

浙江康恩贝制药股份有限公司（以下简称"康恩贝"）的主营业务为药品的研发、生产和销售。2015 年 9 月康恩贝出资 2 600 万元增资上海鑫方迅通信科技有限公司，占增资后上海鑫方迅通信科技有限公司注册资本的 20%。上海鑫方迅通信科技有限公司具有医养护一体化居家健康管理、远程医学监测、远程会诊、合作医院托管和健康管理与智慧养老 5 种业务模式。

14.4.1 康恩贝的杜邦分析数据

表 14.16 所示为 2013 年至 2018 年康恩贝的杜邦分析数据。从表中的数据可以看出，2015 年与 2016 年康恩贝的销售净利率相对于 2014 年几近腰斩，总资

产周转率小幅上升,权益乘数没有大幅度的变化。总体来看,销售净利率这一驱动因素下降,导致了净资产收益率的下降。2017 年后,销售净利率回升,但没有回到历史最高水平。以 6 年的跨度来看,总资产周转率与权益乘数几乎没有变动,因此康恩贝净资产收益率变动的最主要的原因在于销售净利率。

表 14.16　康恩贝的杜邦分析数据

时间	销售净利率(%)	总资产周转率(%)	权益乘数	净资产收益率(%)
2013 年	14.26	65.65	1.72	16.10
2014 年	15.41	56.87	1.87	16.39
2015 年	8.30	55.41	2.10	9.66
2016 年	7.33	70.87	1.89	9.82
2017 年	13.43	56.20	1.61	12.15
2018 年	11.85	62.61	1.85	13.73

14.4.2　康恩贝的现金状况

表 14.17 所示为 2013 年至 2018 年康恩贝的每股经营现金净流量和自由现金流数据。从表中的数据可以看出,康恩贝的经营现金净流量近 6 年皆为正值,每年都有现金回流。美中不足的是盈余现金保障倍数,有两年小于 1,并且上下起伏,极不稳定,不过从长期平均值来看,还可以接受。

表 14.17　康恩贝的每股经营现金净流量和自由现金流数据

时间	每股经营现金净流量(元)	自由现金流(亿元)	经营现金净流量(亿元)	净利润(亿元)	盈余现金保障倍数
2013 年	0.29	-1.69	4.67	4.17	1.12
2014 年	0.76	-6.40	6.90	5.52	1.25
2015 年	0.50	-3.93	9.70	4.40	2.20
2016 年	0.39	14.51	1.92	4.41	0.44
2017 年	0.27	1.74	7.14	7.11	1.00
2018 年	0.20	-11.61	5.46	8.04	0.68

康恩贝近6年的每股经营现金净流量皆为正值，表明净利润的含金量很高，但自由现金流近6年总和-7.38亿元，平均每年流失1.23亿元现金。

14.4.3 康恩贝的成本与投资收益

康恩贝2015年和2016年的净资产收益率相对于下降了50%左右。

康恩贝的净资产收益率，在2015年至2016年跌入谷底，2017年至2018年又回升。要分析的话，就要找到下跌与回升的原因。

从杜邦数据来看，2015年、2016年两年中，销售净利率下降，总资产周转率略有上升。可以理解为东西卖得便宜自然买的人就多。但这一降一升之间，并不成比例。相对于2014年销售净利率腰斩，总资产周转率略升。同时权益乘数基本没变化。

那么问题就不可能是东西卖得便宜这么简单了，有可能是东西卖不出去，或是其他原因。顺藤摸瓜，查看销售净利率（净利润÷营业收入×100%）。

营业收入一直处于上涨中，2013年至2016年的营业收入分别为29.24亿元、35.82亿元、53.02亿元、60.20亿元。这4年中的净利润一直保持在4.50亿左右，并没有随着营业收入的增长而增长。

收入的增长，并没有带来利润的增长，顺藤摸瓜，要从利润表下手，查看营业成本、三大费用、资产减值损失、资产减值损失、投资收益等数据，如表14.18所示。

表14.18 康恩贝的营业成本、三大费用、资产减值损失与投资收益数据

时间	营业收入（亿元）	营业成本（亿元）	销售费用（亿元）	管理费用（亿元）	财务费用（亿元）	资产减值损失(亿元)	投资收益（亿元）
2013年	29.24	9.42	12.25	2.92	0.63	0.05	1.23
2014年	35.82	11.04	14.23	3.51	0.86	0.02	2.30
2015年	53.02	24.82	14.51	4.36	1.30	0.63	2.03
2016年	60.20	31.33	15.37	5.11	1.01	0.96	-0.23
2017年	52.94	14.49	22.84	5.06	0.63	0.27	-3.36
2018年	67.87	15.53	34.22	6.15	0.72	0.39	-0.84

2015年净资产收益率下降的原因在于成本增加的速率过高。相较于2014年，2015年的营业收入增加48.02%，同期营业成本增加了124.82%。再加上三大费用不同程度的增加，虽然营业收入上涨，但营业成本上涨的速度更快。

2016年净资产收益率下降的原因有两方面。一方面还是成本的增长过快，当然同时三大费用也在小幅增长。2016年营业收入增长13.54%，营业成本增长26.23%。另一方面在于康恩贝在这一年丧失了很高的投资收益。

2013年至2015年康恩贝的投资收益为1.23亿元、2.30亿元和2.03亿元，但2016年亏损0.23亿元。虽然2016年成本增长的相对速度已经远远小于2015年，但加上负的投资收益，此长彼消，最终结果还是使得净资产收益率下降。

经常性的投资收益可以反映企业的盈利能力，但大部分投资收益都是非经常性收益。如果去掉2013年与2015年的投资收益，会发现康恩贝2013年与2016年的销售净利率几乎没有差别，2016年的数据，才能反映康恩贝的真实盈利能力。

那么2017年与2018年康恩贝的净资产收益率回升，就很容易找到原因了。营业收入继续增长，但营业成本在不断地下降。净资产收益率并没有回到2013年的水平，原因在于营业成本虽然在下降，但销售费用相对于2013年几乎翻了2倍，并且投资收益相对于2013年减少了2亿元左右，还是此消彼长。

如果还要再弄得清楚一些，就要继续问，2015年康恩贝发生了什么？为什么营业成本突然升高？

康恩贝的2015年年报显示："主要系2015年6月非同一控制下企业合并珍诚医药公司，将其纳入合并范围所致。"

2015年康恩贝用5亿元收购珍诚医药公司，合并了珍诚医药公司的财务报表，营业收入与营业成本增加的部分，基本来源于此。

有意思的是2017年康恩贝的营业成本又下降了，因为2017年康恩贝把珍诚医药公司以3.50亿元卖掉了，并且向广大股东道歉，承认这是一次失败的收购。

2017年与2018年，康恩贝甩掉了非经常性投资收益、摆脱了珍诚医药公司巨大的成本报表，开始全新的旅程。

14.5 东富龙

上海东富龙科技股份有限公司（以下简称"东富龙"）的主营业务为医用冻干机及冻干系统的研发、设计、生产、销售和服务。

2015年5月，东富龙以3 500万元增资上海诺诚电气有限公司（以下简称"诺诚电气"），占其14.77%的股权。诺诚电气的主要产品包含脑电图仪、肌电图和诱发电位仪、术中神经监护仪、系列化康复设备等。其已开展康复三级网络建设，构建了康复诊疗一体化专业平台，建立有基于移动式、便携式设备的社区康复指导平台。

14.5.1 东富龙的杜邦分析数据

表14.19所示为2013年至2018年东富龙的杜邦分析数据。东富龙从2016年开始，销售净利率下降，相应的总资产周转率却几乎没有上涨。权益乘数几乎未变，以致净资产收益率下跌。我们要找到2016年销售净利率下降和总资产周转率下降的原因。

表14.19 东富龙的杜邦分析数据

时间	销售净利率（%）	总资产周转率（%）	权益乘数	净资产收益率（%）
2013年	26.05	27.02	1.57	11.05
2014年	26.61	30.21	1.56	12.54
2015年	24.87	38.31	1.38	13.15
2016年	17.70	31.63	1.40	7.84
2017年	7.13	39.51	1.41	3.97
2018年	3.65	40.89	1.50	2.24

14.5.2 东富龙的现金状况

表14.20所示为2013年至2018年东富龙的各种现金流数据。从表中的数据可以看出，东富龙每股经营现金净流量常年为正值，自由现金流值正负间杂，盈余现金保障倍数除2018年外比较低。东富龙6年的账面净利润为14.17亿元，流失现金

7.50 亿元，两者之间的差距巨大。如果能接受这样的差距，还可以进一步分析。

表 14.20 东富龙的各种现金流数据

时间	每股经营现金净流量（元）	自由现金流（亿元）	经营现金净流量（亿元）	净利润（亿元）	盈余现金保障倍数
2013 年	1.63	-4.41	3.39	2.66	1.27
2014 年	0.17	1.16	0.55	3.35	0.16
2015 年	0.22	-3.06	1.41	3.87	0.36
2016 年	0.17	-0.82	1.07	2.36	0.45
2017 年	0.03	0.19	0.21	1.23	0.17
2018 年	0.35	-0.56	2.22	0.70	3.17

14.5.3 东富龙的盈利能力

截至 2015 年，东富龙的净资产收益率都呈上升趋势，并且在 10% 以上。可是 2016 年的净资产收益率相较于上一年几近腰斩，2018 年更是低于 4%。因此必须弄清楚 2016 年发生了什么。

仔细看东富龙的杜邦分析数据，2013 年至 2018 年，销售净利率不断降低，总资产周转率与权益乘数基本不变，因此问题只能是东富龙的盈利能力在不断下降。那么需要从利润表着手，找到问题的关键。无外乎两种可能，一为营业收入下降，一为成本与费用上涨。

表 14.21 所示为 2013 年至 2018 年东富龙的净利润与营业收入数据。从表中的数据可以看出，东富龙的净利润、营业收入变化分为两个阶段，第 1 阶段营业收入不断上升导致利润上升，第 2 阶段营业收入上升，而利润却在下降，那一定在成本、费用上出了问题。

表 14.21 东富龙的净利润与营业收入数据

单位：亿元

时间	净利润	营业收入
2013 年	2.66	10.21
2014 年	3.35	12.59

续表

时间	净利润	营业收入
2015 年	3.87	15.56
2016 年	2.36	13.28
2017 年	1.23	17.25
2018 年	0.70	19.17

可是为什么东富龙2016年的营业收入和净利润同时下跌呢？是成本问题，还是费用问题？表14.22所示为2013年至2018年东富龙的营业成本与三大费用数据。从表中的数据可以看出，相比2015年，2016年东富龙的管理费用只提高了0.13亿元，销售费用只提高了0.01亿元，基本未变；营业成本降低了0.92亿元，营业收入却降低了2.28亿元。

如果说东富龙正在既定的路线上行进——低利率、高周转，那么无论营业成本提高还是降低，营业收入的变化都应该更小才对，可是事实却是营业收入的变化更大。这只能说明东富龙的销售能力变弱了，或者说东富龙的销量变少了，因此也可以得出这样的推论，东富龙的盈利能力变弱了。2017年与2018年营业成本急剧增加，营业成本增加的速率高于营业收入的增加速率。

表14.22　东富龙的营业成本与三大费用数据

单位：亿元

时间	营业成本	管理费用	销售费用	财务费用
2013 年	5.32	1.66	0.45	−0.66
2014 年	6.53	2.04	0.55	−0.61
2015 年	8.65	2.37	0.70	−0.76
2016 年	7.73	2.50	0.71	−0.26
2017 年	11.29	3.23	1.06	−0.04
2018 年	13.27	3.86	1.13	−0.26

再看东富龙的总资产周转率。利润率低，正常的情况下营业收入就会以更快的速度增长，赚了钱后，总资产自然就会增多。表14.23所示为2013年至

2018年东富龙的营业收入与总资产数据。东富龙在2014年至2016年的3年中，总资产基本保持未变，那么不禁要问：东富龙赚的钱去哪儿了呢？

表14.23　东富龙的营业收入与总资产数据

单位：亿元

时间	营业收入	总资产
2013 年	10.21	37.79
2014 年	12.59	41.68
2015 年	15.56	40.62
2016 年	13.28	41.98
2017 年	17.25	43.66
2018 年	19.17	46.88

表14.24所示为2013年至2018年东富龙的总负债、净资产与资产负债率数据。将总资产细分得到总负债与净资产数据。原来自2013年始，东富龙的资产负债率逐渐在下降，即东富龙盈利偿债致资产负债率降低，虽然总资产未见大幅增加，但它的净资产占比却越来越高。通过总资产周转率，引申到资产负债率，东富龙的偿债能力，暂时可以令人放心了。不过2017年与2018年其资产负债率又回升至接近下降之前的水平。

表14.24　东富龙的总负债、净资产与资产负债率数据

时间	总负债（亿元）	净资产（亿元）	总资产（亿元）	资产负债率（%）
2013 年	13.71	24.08	37.79	36.28
2014 年	14.91	26.77	41.68	35.77
2015 年	11.14	29.48	40.62	27.42
2016 年	11.98	30.00	41.98	28.54
2017 年	12.80	30.86	43.66	29.32
2018 年	15.71	31.17	46.88	33.51

东富龙整体盈利能力下降，净资产收益率已经低于长期国债利率，暂时不

适合作为长期投资的标的。

14.6 旷达科技

旷达科技集团股份有限公司（以下简称"旷达科技"）的主营业务为汽车及其他交通工具座椅及其他内饰面料的研发、生产和销售，太阳能电站的开发、建设与运营。

旷达科技 2015 年 11 月公告，旷达科技实际控制人控股的旷达控股近日与中欧盛世资产管理（上海）有限公司（以下简称"中欧盛世"）签署了《苏兰养老医疗产业并购基金项目建议书》，旷达控股与中欧盛世合资成立产业并购基金。基金总规模为 3 亿元，以全体合伙人实际承诺出资金额为准；旷达控股作为有限合伙人出资 2.97 亿元。基金投资范围包括但不限于境内外医疗养老行业标的公司、一级半市场定向增发项目、作为有限合伙人参与医疗养老行业风险投资或私募基金出资、作为有限合伙人投资其他医疗养老产业并购基金等。

14.6.1 旷达科技的杜邦分析数据

表 14.25 所示为 2013 年至 2018 年旷达科技的杜邦分析数据。从表中的数据可以看出，旷达科技的权益乘数并不高，这是可以继续分析的前提。其销售净利率与总资产周转率都不算太高，但前 4 年很稳定。2015 年和 2016 年，销售净利率逐渐提高，同时总资产周转率缓慢下降，形成一高一低的态势，净资产收益率在 2018 年由之前的 8% 以上跌落到 8% 之下。

表 14.25 旷达科技的杜邦分析数据

时间	销售净利率（%）	总资产周转率（%）	权益乘数	净资产收益率（%）
2013 年	10.04	50.02	1.59	7.98
2014 年	9.69	50.55	1.81	8.87
2015 年	13.49	28.41	2.99	11.46
2016 年	13.08	32.97	1.89	8.15
2017 年	16.62	47.06	1.20	9.39
2018 年	13.13	40.73	1.13	6.04

14.6.2 旷达科技的现金状况

表 14.26 所示为 2013 年至 2018 年旷达科技的各种现金流数据。从表中的数据可以看出，旷达科技经营现金净流量近 6 年皆为正值，并且盈余现金保障倍数在大部分的年份都在 1 左右。6 年间，其账面净利润为 14.51 亿元，经营现金回流资金 18.03 亿元，与其他数据基本吻合。

表 14.26 旷达科技的各种现金流数据

时间	每股经营现金净流量（元）	自由现金流（亿元）	经营现金净流量（亿元）	净利润（亿元）	盈余现金保障倍数
2013 年	0.45	-1.02	1.12	1.13	0.99
2014 年	0.54	-3.61	1.35	1.69	0.80
2015 年	0.24	-19.36	1.57	2.51	0.63
2016 年	0.26	-1.49	3.86	3.01	1.28
2017 年	0.52	13.01	7.85	3.85	2.04
2018 年	0.15	1.02	2.28	2.32	0.98

14.6.3 旷达科技的举债与偿债

旷达科技的净资产收益率一直很稳定，唯独 2015 年突然增长至 10% 以上，因其驱动因子权益乘数突然提高所致，这是要分析的要点之一。另外，2015 年和 2016 年的销售净利率相对于 2014 年显著提高，由此判断公司可能要走高利率、低周转率的路线，其销售净利率升高的同时，总资产周转率也在不断下降，看起来很合理。但需要检验旷达科技路线转型后的净利润与营业收入是不是稳定增长的，这是要分析的要点之二。

表 14.27 所示为 2013 年至 2018 年旷达科技的营业成本与三大费用数据。旷达科技的营业收入除 2018 年外在不断升高，销售净利率公式的分子为净利润，在比值和分母都不断抬高的情况下，可以推论出净利润提高的速度比营业收入更快。既然净利润和营业收入都飞速增长，说明无论走低利率、高周转的路线，还是走高利率、低周转的路线，旷达科技的运作都是成功的。

在经营过程中三大费基本未变，只是 2016 年财务费用相比其他年份特别高，2018 年为负。再结合 2015 年突然提高的权益乘数，说明旷达科技 2015 年借了很多钱，2016年本息归还，造成财务费用升高。分析这组数据，目的是判断净利润的含金量和稳定性。营业成本增长的速度明显慢于营业收入的增长速度，说明旷达科技走高利率路线带来的经营业绩非常稳定。

表 14.27　旷达科技的营业成本与三大费用数据

单位：亿元

时间	营业收入	营业成本	管理费用	销售费用	财务费用
2013 年	14.25	10.28	1.34	0.43	0.07
2014 年	17.44	12.46	1.64	0.52	0.30
2015 年	18.60	11.62	2.23	0.48	0.86
2016 年	23.02	14.66	2.11	0.54	1.44
2017 年	23.17	14.59	1.70	0.48	0.92
2018 年	17.67	12.67	1.67	0.44	-0.05

再看总资产周转率。总资产周转率的下降，一种可能性是营业收入和总资产都在上涨，但总资产上涨的速度更快；另一种可能性是营业收入和总资产都在下降，而营业收入下降得更快。如果营业收入和总资产下降，说明企业的持续经营能力出现了问题。表 14.28 所示为 2013 年至 2018 年旷达科技的营业收入与总资产数据。从表中的数据可知，旷达科技属于第一种情况，这也从侧面说明了旷达科技在走高利率、低周转的路线。

表 14.28　旷达科技的营业收入与总资产数据

单位：亿元

时间	营业收入	总资产
2013 年	14.25	28.49
2014 年	17.44	34.50
2015 年	18.60	65.46
2016 年	23.02	69.82
2017 年	23.17	49.24
2018 年	17.67	43.38

但对表 14.28 中的数据,还有一个疑问,2015 年旷达科技的总资产突然增加了几乎 1 倍,以旷达科技的体量,是难以在 1 年内达到这一水平的。因此需要分析其总资产的内部结构。

表 14.29 所示为 2013 年至 2018 年旷达科技的总负债与净资产数据。2015 年其总资产增加了 30.96 亿元,其中有 28.14 亿元来自负债,只有 2.82 亿元来自净资产。因此 2015 年旷达科技的权益乘数特别高,达到 2.99。

2016 年,其总资产再次增加,增加了 4.36 亿元,这一年,总负债反倒减少了 10.65 亿元,净资产增加了 15.01 亿元。根据有关报表,发现旷达科技在 2016 年 11 月 1 日定增了 1.79 亿股份,募集了 11.51 亿元的资金。相当于 2015 年借钱,2016 年归还。

表 14.29 旷达科技的总负债与净资产数据

单位:亿元

时间	总负债	净资产	总资产
2013 年	10.59	17.91	28.49
2014 年	15.44	19.06	34.50
2015 年	43.58	21.88	65.46
2016 年	32.93	36.89	69.82
2017 年	8.14	41.10	49.24
2018 年	5.13	38.25	43.38

旷达科技 2015 年大举借债,2016 年定向增发、募集资金,资产负债率维持在正常水平,长期、短期无偿债压力,资金回流情况较好,近 6 年的资金回流与账面利润基本吻合。

14.7 尚荣医疗

深圳市尚荣医疗股份有限公司(以下简称"尚荣医疗")的主营业务为提供现代化医院建设整体解决方案,具体包括医院整体建设、医疗器械产销、医疗耗材产销、医院投资管理与智慧医疗服务及健康产业园区开发六大业务板块。

14.7.1 尚荣医疗的杜邦分析数据

表 14.30 所示为 2013 年至 2018 年尚荣医疗的杜邦分析数据。尚荣医疗的销售净利率逐渐下降时，总资产周转率不断提高，由一高一低变为一低一高的态势；权益乘数低于 2，负债比例可以接受；只是净资产收益率过低，不过有上升的趋势。上涨趋势向好，但 2016 年出现了"双低"局面。

表 14.30 尚荣医疗的杜邦分析数据

时间	销售净利率（%）	总资产周转率（%）	权益乘数	净资产收益率（%）
2013 年	10.12	36.21	1.51	5.53
2014 年	8.74	49.53	1.67	7.23
2015 年	7.14	56.32	1.87	7.52
2016 年	5.86	47.95	1.87	5.25
2017 年	8.72	46.54	1.61	6.53
2018 年	6.01	39.71	1.48	3.53

14.7.2 尚荣医疗的现金状况

表 14.31 所示为 2013 年至 2018 年尚荣医疗的各种现金流数据。从表中的数据可以看出，尚荣医疗的每股经营现金净流量与自由现金流正负间杂，2014 年以前的现金回流情况不理想，好在 2015 年后，公司回收了大部分的现金。近 6 年，尚荣医疗账面利润为 6.82 亿元，收回的现金为 6.74 亿元，总体情况尚可。

表 14.31 尚荣医疗的各种现金流数据

时间	每股经营现金净流量（元）	自由现金流（亿元）	经营现金净流（亿元）	净利润（亿元）	盈余现金保障倍数
2013 年	-0.31	-1.70	-0.85	0.74	-1.15
2014 年	-0.04	-0.28	-0.14	1.02	-0.14
2015 年	0.50	4.36	2.18	1.19	1.83

续表

时间	每股经营现金净流量（元）	自由现金流（亿元）	经营现金净流（亿元）	净利润（亿元）	盈余现金保障倍数
2016 年	0.63	5.62	2.81	1.14	2.46
2017 年	0.33	0.21	2.32	1.75	1.33
2018 年	0.06	-1.86	0.42	0.98	0.43

14.7.3　尚荣医疗合并报表

笔者在整理尚荣医疗分析思路时，中间一度被迫停顿，整个事件就像一部侦探小说，通过对比数据，寻找任何可疑的增长与回落走势，抽丝剥茧，终于发现了事情的原委。2016 年是转折点，因此要重点对 2016 年的数据进行分析。

看尚荣医疗的净资产收益率，2015 年达到最高 7.52%，2015 年之前销售净利率逐年下降，总资产周转率同步上涨，可见尚荣医疗走的是低利率、高周转率的路线。可是在 2016 年，却出现了"双低"的态势，致使净资产收益率在 2018 年跌到了 2013 年的水平。

销售净利率的降低，是走低利率、高转周率路线的必经之路，只要净利润与营业收入不是双双降低，便可接受。表 14.32 所示为 2013 年至 2018 年尚荣医疗的净利润与营业收入数据。从表中的数据来看，2016 年的净利润只比 2015 年少了 500 万元，营业收入增加了 2.80 亿元，因此尚荣医疗在销售净利率方面没有问题。那么问题就在于总资产周转率。

表 14.32　尚荣医疗的净利润与营业收入数据

时间	净利润（亿元）	营业收入（亿元）	销售净利率（%）
2013 年	0.74	7.31	10.12
2014 年	1.02	11.67	8.74
2015 年	1.19	16.66	7.14
2016 年	1.14	19.46	5.86
2017 年	1.75	20.06	8.72
2018 年	0.98	16.30	6.01

表 14.33 所示为 2013 年至 2018 年尚荣医疗的营业收入与总资产数据。从表中的总资产周转率的数据可以看出，营业收入在不断增加，不过总资产增长更快，导致了总资产周转率下降。2018 年营业收入与总资产呈"双降"态势。

表 14.33　尚荣医疗的营业收入与总资产数据

时间	营业收入（亿元）	总资产（亿元）	总资产周转率（%）
2013 年	7.31	20.19	36.21
2014 年	11.67	23.56	49.53
2015 年	16.66	29.58	56.32
2016 年	19.46	40.58	47.95
2017 年	20.06	43.10	46.54
2018 年	16.30	41.05	39.71

再向下细划分总资产，表 14.34 所示为 2013 年至 2018 年尚荣医疗的总负债与净资产数据。从表中的数据可以看出，尚荣医疗 2016 年总资产增加了 11 亿元，其中有 5.10 亿元来自负债，有 5.90 亿元来自净资产。即便如此，每年 1 亿元左右的净利润也无法在 1 年内让净资产增加 5 亿元，其中必有问题。

表 14.34　尚荣医疗的总负债与净资产数据

单位：亿元

时间	总负债	净资产	总资产
2013 年	6.84	13.35	20.19
2014 年	9.46	14.10	23.56
2015 年	13.77	15.81	29.58
2016 年	18.87	21.71	40.58
2017 年	16.37	26.73	43.10
2018 年	13.27	27.28	41.05

2016 年 6 月 20 日，尚荣医疗定增融资 1.98 亿元，金额不大。即便加上 2016 年的净利润 1.14 亿元，也仅能让净资产增加 3.12 亿元，至少还有 2.78 亿元对不

上账。并且 2016 年的总负债增加了 5.10 亿元,合起来总资产也不过增加了 7.88 亿元,那么总资产增加 11 亿元的数据中就有近 3.12 亿元的资产"来路不明"了。

在尚荣医疗的资产负债表中,发现"可供出售金融资产"高达 6.53 亿元,而这一科目在 2015 年仅有 2 万元。多出来的 6.53 亿元是从哪里来的?如果说是用借来的钱投资,那么只能解释负债增加,总资产增加,而无法解释净资产的增加。也就是说,借钱买资产,并不能解释净资产中有 2.78 亿元对不上账的问题。

笔者在互联网上搜索"尚荣医疗财务报表",反馈回来的是 2017 年尚荣医疗关于 2015 年财务报表错误的问题,并且仅涉及营业成本等杂项。

重新翻开尚荣医疗的资产负债表,笔者的眼光落在了 2015 年和 2016 年所有者权益(净资产)的数据上,其中 2015 年归属母公司股东权益为 14.30 亿元,2016 年为 17.64 亿元,仅相差 3.34 亿元,这个数据与 2.78 亿元比较接近,答案可能就在这里。表上显示 2015 年少数股东权益为 1.51 亿元,2016 年为 4.07 亿元,相差 2.56 亿元。此处相差的 2.56 亿元,与归属母公司股东权益的 3.34 亿元,合计为 5.90 亿元,这不就是 2016 年净资产增长的 5.90 亿元吗?对上账了。

少数股东权益,是指母公司拥有子公司股份不足 100%,即只拥有子公司净资产的部分产权时,子公司股东权益的一部分归母公司所有,即多数股权,其余仍属外界其他股东所有,由于后者在子公司全部股权中所占比例不足半数,对子公司没有控制能力,故被称为少数股权。

简单说就是,这家公司并不属于自己,但是自己有多数股权,做财务报表时,要将这公司的一切,都记到自己的账上,不过该是这家公司的部分,还得从自己这里扣除。

那么少数股东权益多出来的 2.56 亿元绝不是凭空来的,既然给"外人"更多的钱,就意味着拿了"外人"的东西,也就是尚荣医疗合并了别家企业的报表。为了支持这一想法,再去详细看尚荣医疗 2016 年的财报,终于找到了证据。

2016 年财报显示:"报告期内,公司合并范围增加了深圳市北银尚荣医疗产业投资合伙企业(有限合伙)、富平县尚荣医院投资管理有限公司等两家公司。"进一步证实了笔者的推测。

因为扩编了自己的资产负债表,也就加大了总资产的额度,所以导致了当年总资产周转率降低。这与母公司经营能力没太大的相关性,因为尚荣医疗只占了其中一家公司 24% 的股权,75% 的股权是北京丰业资产管理有限公司持有,因后者并不参与直接经营,所以由持有 24% 股权的尚荣医疗代理其职。以 24% 的股权来合并报表,可见其影响之小。因此,尚荣医疗 2016 年的总资产周转率降低,并不是尚荣医疗自身经营出了问题。

自 2016 年至 2018 年,尚荣医疗的总资产几乎没有变动,但负债不断减少,净资产不断降低。偿债风险降低,权益乘数降低,已由 2016 年的 1.87 下降至 2018 年的 1.48。这也是净资产收益率走低的原因之一,但这属于良性走低。不过不管怎样,尚荣医疗的总体净资产收益率还是低于中位数水平。

14.8 鱼跃医疗

江苏鱼跃医疗设备股份有限公司(以下简称"鱼跃医疗")的主营业务为医疗器械和保健用品的生产和销售。

鱼跃医疗在医疗保健和医疗护理行业中,主要针对老年人的药品、保健品及医疗器械、医疗服务等细分方向。公司作为医疗器械 OTC 市场的龙头企业之一,在康复护理和医用制氧两大核心领域占据主导地位,在养老产业链条中受益明显。

14.8.1 鱼跃医疗的杜邦分析数据

表 14.35 所示为 2013 年至 2018 年鱼跃医疗的杜邦分析数据。从表中的数据可以看出,鱼跃医疗的净资产收益率近 6 年来都保持在 10% 以上,美中不足的是 2016 年净资产收益率下降速度过快,2018 年虽有回升,但未回到之前水平。这其中原因有二,一是总资产周转率下降,二是权益乘数下降。销售净利率在 2016 年至 2018 年间基本保持不变,而总资产周转率下降的速度较快,权益乘数不变,说明营业收入的增加与总资产的增加不同步。

表 14.35 鱼跃医疗的杜邦分析数据

时间	销售净利率(%)	总资产周转率(%)	权益乘数	净资产收益率(%)
2013 年	18.12	78.54	1.20	17.08
2014 年	17.66	78.67	1.21	16.81
2015 年	17.30	71.91	1.37	17.04

续表

时间	销售净利率（%）	总资产周转率（%）	权益乘数	净资产收益率（%）
2016 年	18.99	45.34	1.18	10.16
2017 年	16.71	53.43	1.19	10.62
2018 年	17.38	60.53	1.25	13.15

14.8.2 鱼跃医疗的现金状况

表 14.36 所示为 2013 年至 2018 年鱼跃医疗的各种现金流数据。鱼跃医疗近 6 年经营现金净流量皆为正值，6 年账面利润总和 27.38 亿元，经营现金回流 25.90 亿元，大体相当。

表 14.36　鱼跃医疗的各种现金流数据

时间	每股经营现金净流量（元）	自由现金流（亿元）	经营现金净流量（亿元）	净利润（亿元）	盈余现金保障倍数
2013 年	0.23	0.36	1.24	2.58	0.48
2014 年	0.39	0.49	2.06	2.97	0.69
2015 年	0.93	−0.45	5.43	3.64	1.49
2016 年	1.01	−3.13	6.77	5.00	1.35
2017 年	0.24	−0.63	2.42	5.92	0.41
2018 年	0.80	−2.68	7.98	7.27	1.10

14.8.3 鱼跃医疗快速增长的资产

鱼跃医疗的净资产收益率在 2015 年之前都很平稳，始终保持在 15% 以上。但 2016 年突然下跌至 10.16%，到底是什么地方出现了问题呢？

销售净利率的走低，并不一定是盈利能力出现了问题。表 14.37 所示为 2013 年至 2018 年鱼跃医疗的净利润与营业收入数据。通过数据可以看出，鱼跃医疗净利润和营业收入不断地走高，说明鱼跃医疗走的是低利率、高周转率的路线。前面分析的几家医疗企业，都有这个趋向。

表 14.37 鱼跃医疗的净利润与营业收入数据

时间	净利润（亿元）	营业收入（亿元）	销售净利率（%）
2013 年	2.58	14.24	18.12
2014 年	2.97	16.82	17.66
2015 年	3.64	21.04	17.30
2016 年	5.00	26.33	18.99
2017 年	5.92	35.42	16.71
2018 年	7.27	41.83	17.38

销售净利率与总资产周转率在通常情况下，都是一高一低，或一低一高，如果公司经营出现问题，可能会出现双低态势。如果销售净利率走低，正常情况下总资产周转率应该走高，如果没走高，那一定是总资产周转率出现了问题。为什么不认为是销售净利率出了问题呢？因为路线既定，是以销售净利率为主导，而不是以总资产周转率为主导。销售净利率占主导，而总资产周转率随之而动。

净利润与营业收入同步走高时，如果总资产也在不断地推高，说明企业一直在赚钱。但是在净利润、营业收入、总资产都不断升高的背景下，为什么净资产收益率会越来越低呢？

只有一种可能性，就是净利润的增长速率低于营业收入，营业收入的增长速率低于总资产。那么是不是可以这样推论，虽然鱼跃医疗的净资产收益率不断走低，但它一直在为股东赚钱。只不过它过去的净资产收益率太高了，慢慢走低达到一个正常水平后，可能会更加稳定。或者可以理解为鱼跃医疗一直在增长，处于发展期，只不过它的"加速度"正在变少。表 14.38 所示为 2013 年至 2018 年鱼跃医疗的营业收入与总资产数据。

表 14.38 鱼跃医疗的营业收入与总资产数据

时间	营业收入（亿元）	总资产（亿元）	总资产周转率（%）
2013 年	14.24	18.13	78.54
2014 年	16.82	21.38	78.67
2015 年	21.04	29.26	71.91

续表

时间	营业收入（亿元）	总资产（亿元）	总资产周转率（%）
2016年	26.33	58.07	45.34
2017年	35.42	66.29	53.43
2018年	41.83	69.11	60.53

再回头看杜邦分析数据，2015年以前，支撑着净资产收益率不断走高的三大因子中，只有权益乘数在不断地升高，说明鱼跃医疗恰到好处地使用了杠杆。也从侧面说明了，鱼跃医疗的负债率正在不断升高。2016年至2017年权益乘数下降，也是净资产收益率下降的原因之一，当然不是最重要的原因。

表14.39所示为2013年至2018年鱼跃医疗的总负债、净资产与资产负债率数据。从表中的数据可以看出，鱼跃医疗的总负债增长缓慢，而净资产的上涨速度非常快。2015年其资产负债率为27.14%是可以接受的。让人产生怀疑的是2016年的总资产增加了28.81亿元，增幅为98.50%，来自净资产的增长为27.99亿元，来自总负债的增长为0.82亿元。净资产这么大的增幅，是导致总资产周转率降低的主要诱因，也正是总资产周转率的大幅降低，才导致了2016年净资产收益率的降低。

表14.39 鱼跃医疗的总负债、净资产与资产负债率数据

时间	总负债（亿元）	净资产（亿元）	总资产（亿元）	资产负债率（%）
2013年	2.96	15.17	18.13	16.33
2014年	3.77	17.62	21.38	17.63
2015年	7.94	21.32	29.26	27.14
2016年	8.76	49.31	58.07	15.09
2017年	8.24	55.71	66.29	12.43
2018年	11.35	55.45	69.11	16.42

那么净资产的大幅增长是怎么来的呢？相关资料显示，2016年6月22日鱼跃医疗增发股票，融资25.27亿元，当年净利润5亿元，与净资产的增长幅度相吻合。

总结一下鱼跃医疗的财务状况,鱼跃医疗正处于飞速发展阶段,但发展的"加速度"逐渐变小,净资产收益率正在回归到正常水平。2016年净资产收益率过低的主要原因在于总资产大幅增加,导致了总资产周转率大幅下降。融资是在2016年6月完成,而2016年下半年并未显示出融资的效果,因此后续的关注点,应在融资后鱼跃医疗如何经营这份资产,使它发挥出最大的功效。

鱼跃医疗2010年至2016年每股收益分别为:0.64元、0.55元、0.46元、0.49元、0.56元、0.62元和0.80元。平均每股收益为0.59元,15倍长期平均市盈率价格为8.83元,但2017年7月12日收盘价为22.42元,并且2017年5月26日10股转5股派4元,复权处理后股价应为34.03元,与给出的定投买入价格相差太远。

因此只能在大规模下跌并且鱼跃医疗没有经营问题时,买入该股。例如,2016年4月鱼跃医疗的股价由73.40元下跌至29.71元,此时鱼跃医疗并没有出现任何经营问题。2016年4月恰恰公布2015年年报与2016年一季报,有财务数据进行辅助判断。

在找到总资产周转率下降的原因并不是经营出现问题之后,2017年与2018年的净资产收益率稳定并且回升,是鱼跃医疗融资后的正常水平。

第15章

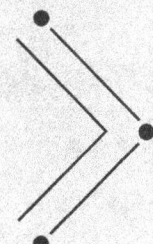

二胎概念股分析

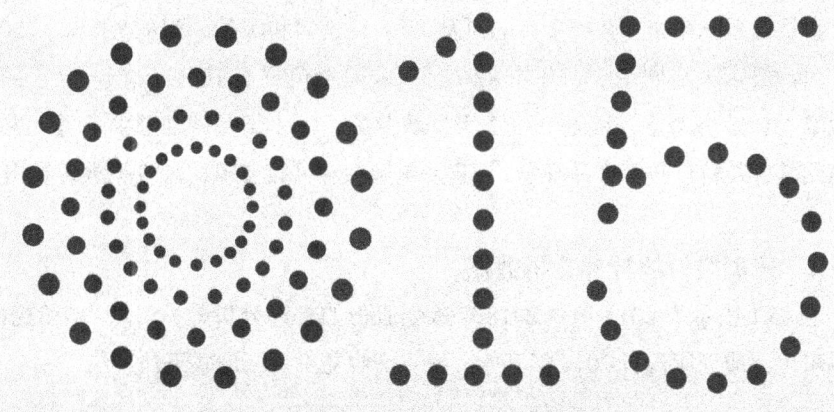

在笔者写作时，在问财中搜索二胎概念股时，检索出 48 只股票，笔者选取了其中几只股票，用前面介绍的方法进行分析。

15.1 威创股份

威创集团股份有限公司（以下简称"威创股份"）的主营业务为超高分辨数字拼接墙系统和交互数字平台的研发、生产、销售和服务。公司公告称："2015年9月，股东大会同意公司使用 8.57 亿元收购金色摇篮 100% 股权，金色摇篮是以婴幼园业务为主，涵盖 0～3 岁早教业务、中小学品牌加盟业务等，并从事网络教育及特色教育产品开发、销售及国际教育文化交流的综合型教育机构。"

15.1.1 威创股份的杜邦分析数据

表 15.1 所示为 2013 年至 2018 年威创股份的杜邦分析数据。从表中的数据可以看出，威创股份自 2014 年开始，净资产收益率呈断崖式下跌。

表 15.1 威创股份的杜邦分析数据

时间	销售净利率（%）	总资产周转率（%）	权益乘数	净资产收益率（%）
2013 年	29.75	40.98	1.16	14.14
2014 年	13.08	34.79	1.11	5.05
2015 年	12.70	32.51	1.33	5.49

续表

时间	销售净利率（%）	总资产周转率（%）	权益乘数	净资产收益率（%）
2016 年	17.32	33.66	1.33	7.75
2017 年	16.71	26.41	1.24	5.47
2018 年	13.50	26.22	1.24	4.39

15.1.2 威创股份的现金状况

表 15.2 所示为 2013 年至 2018 年威创股份的各种现金流数据。威创股份每股经营现金净流量为正值，自由现金流从 2015 年开始为负值。6 年中账面净利润为 10.56 亿元，收回现金 13.14 亿元。

表 15.2 威创股份的各种现金流数据

时间	每股经营现金净流量（元）	自由现金流（亿元）	经营现金净流量（亿元）	净利润（亿元）	盈余现金保障倍数
2013 年	0.26	1.30	2.18	3.02	0.72
2014 年	0.10	0.27	0.85	1.05	0.81
2015 年	0.36	-7.64	3.01	1.19	2.53
2016 年	0.36	-0.73	3.03	1.82	1.66
2017 年	0.27	-1.37	2.49	1.90	1.31
2018 年	0.17	-2.66	1.58	1.58	1.00

目前最重要的问题是，2014 年净资产收益率出现向下的拐点，是否经得起考验。

15.1.3 威创股份的盈利能力

表 15.3 所示为 2013 年至 2018 年威创股份的净利润、营业收入与销售净利率数据。威创股份的销售净利率从 2013 年的 29.75% 开始下跌，仅 1 年便下降了一半以上。2014 年威创股份的营业收入和净利润同时下降了约 2 亿元，但是下降比率不同。营业收入下降的约 2 亿元只占 20.89%，而净利润下降的约 2 亿元却占了 65.23%。虽然 2015 年至 2017 年出现了连续上涨，但销售净利率还处

于2013年一半左右的水平，并且营业收入已经回归2013年的高度，净利润却没有以相同的速率增加。由此可以推断，从2014年开始，威创股份的盈利能力确实出现了危机。

表15.3 威创股份的净利润、营业收入与销售净利率数据

时间	净利润（亿元）	营业收入（亿元）	销售净利率（%）
2013年	3.02	10.15	29.75
2014年	1.05	8.03	13.08
2015年	1.19	9.37	12.70
2016年	1.82	10.51	17.32
2017年	1.90	11.37	16.71
2018年	1.58	11.70	13.50

还需要进一步验证，盈利能力出现问题，到底是因为成本的上升，或者是费用的上升，还是因为单纯的盈利能力受损。表15.4所示为2013年至2018年威创股份的营业成本和三大费用数据。威创股份6年来，营业成本与三大费用基本未发生大的变化，那么唯一的可能性便是威创股份的盈利能力的确受到了重创。

表15.4 威创股份的营业成本和三大费用数据

单位：亿元

时间	营业收入	营业成本	管理费用	销售费用	财务费用
2013年	10.15	4.25	1.99	1.81	-0.46
2014年	8.03	3.85	2.26	1.65	-0.27
2015年	9.37	4.61	2.40	1.69	-0.38
2016年	10.51	4.67	2.39	1.64	0
2017年	11.37	5.18	3.04	1.42	-0.03
2018年	11.70	5.36	3.39	1.45	0.06

由于总资产周转率和权益乘数未发生过大变化，由此印证了之前的判断，威创股份净资产收益率降低的主要原因，便是盈利能力受损。威创股份当前净

资产收益率低于长期国债利率,无法作为长期投资的标的。

2015年成立的"幼师口袋"被估值1.10亿元,2017年A轮融资便斩获几千万元,其投资人便是威创股份。以二胎为概念的威创股份,在幼儿教育方面有如此的成绩,相信它后续的盈利能力将会恢复。

15.2 孚日股份

孚日集团股份有限公司(以下简称"孚日股份")的主营业务为毛巾系列产品、纺织品、针织品、床上用品、服装和工艺品的生产及销售。公司公告称:"公司已与美国华纳兄弟消费品部达成合作,获得包括猫和老鼠、乐一通、崔弟、超人、蝙蝠侠等多个动漫形象和品牌在中国(台湾地区除外)进行毛巾类产品研发生产、招商销售的独家授权。目前公司天猫官方旗舰店已经上线了婴童馆,产品包括儿童护肤巾、洗脸毛巾、床上用品等。"

15.2.1 孚日股份的杜邦分析数据

表15.5所示为2013年至2018年孚日股份的杜邦分析数据。从表中的数据可以看出,孚日股份2013年至2014年的净资产收益率非常低迷,2015年出现了井喷之势,至2018年还在继续上涨。其总资产周转率和权益乘数基本没有大幅度的变化,那么问题就出在销售净利率上。孚日股份的销售净利率为什么会突然升高呢?我们先查看现金情况,如果有进一步分析的必要,再去弄清问题的缘由。

表15.5 孚日股份的杜邦分析数据

时间	销售净利率(%)	总资产周转率(%)	权益乘数	净资产收益率(%)
2013年	2.03	64.01	2.49	3.24
2014年	1.60	58.59	2.80	2.62
2015年	7.40	54.88	2.56	10.40
2016年	8.64	61.40	2.23	11.83
2017年	8.50	65.08	2.23	12.34
2018年	8.41	64.12	2.34	12.62

15.2.2 孚日股份的现金状况

表15.6所示为2013年至2018年孚日股份的各种现金流数据。从表中的数据可以看出,孚日股份的每股经营现金净流量和自由现金流没有太大的问题,只是盈余现金保障倍数过高,2013年高达10.99。如果该指标高得合乎一般逻辑,那么孚日股份的资金状况就可以令人放心了。

表15.6 孚日股份的各种现金流数据

时间	每股经营现金净流量(元)	自由现金流(亿元)	经营现金净流量(亿元)	净利润(亿元)	盈余现金保障倍数
2013年	1.09	5.55	9.89	0.90	10.99
2014年	0.16	-4.60	1.43	0.73	1.96
2015年	0.98	5.59	8.88	3.11	2.86
2016年	1.28	7.41	11.66	3.78	3.08
2017年	0.95	6.43	8.87	4.10	2.16
2018年	0.57	-0.45	5.20	4.35	1.20

现在有两个问题需要弄清楚:一是2015年孚日股份的盈利能力为什么会大幅增强?二是2013年孚日股份的盈余现金保障倍数为什么那么高?

15.2.3 孚日股份的资产减值损失

销售净利率涉及两个方面——净利润和营业收入,因此第一步只能从净利润和营业收入入手。表15.7所示为2013年至2018年孚日股份的净利润、营业收入和销售净利率数据。孚日股份的营业收入在前4年没多大的变化,2017年与2018年突飞猛进,说明其前4年并没有扩大市场占有率方面的举措,只是单纯的净利润增加。下一步研究营业成本和三大费用数据。

表15.7 孚日股份的净利润、营业收入和销售净利率数据

时间	净利润(亿元)	营业收入(亿元)	销售净利率(%)
2013年	0.90	44.43	2.03
2014年	0.73	45.54	1.60

续表

时间	净利润（亿元）	营业收入（亿元）	销售净利率（%）
2015 年	3.11	42.05	7.40
2016 年	3.78	43.75	8.64
2017 年	4.10	48.22	8.50
2018 年	4.35	51.71	8.41

表 15.8 所示为 2013 年至 2018 年孚日股份的营业收入、营业成本和三大费用数据。从表中的数据可以看出，孚日股份在 2014 年至 2015 年的管理费用略有下降，销售费用和财务费用基本没有发生变化。变化最显著的是营业成本，2015 年的营业成本比 2014 年下降了 3.64 亿元，再加上管理费用下降了 0.95 亿元，利润就多出了 4.59 亿元。

表 15.8 孚日股份的营业收入、营业成本和三大费用数据

单位：亿元

时间	营业收入	营业成本	管理费用	销售费用	财务费用
2013 年	44.3	34.49	2.92	1.58	1.49
2014 年	45.54	36.16	2.80	1.76	1.63
2015 年	42.05	32.52	1.85	1.63	1.47
2016 年	43.75	33.50	1.75	1.71	1.10
2017 年	48.22	37.71	1.75	1.75	1.73
2018 年	51.71	41.39	1.66	1.68	1.38

孚日股份资产减值损失 2013 年为 2.03 亿元、2015 年为 0.19 亿元、2016 年为 0.49 亿元。自 2015 年开始，资产减值损失大幅降低，且 2015 年的营业成本相比于 2014 年降低了 3.64 亿元，由此导致了 2015 年的销售净利率出现了井喷，拉高资产收益率。

资产减值损失，是指因资产的账面价值高于其可收回金额而造成的损失。比如，笔者手里的 iPad 是花了 3 000 元买的，打算用 3 年，但用了 1 年后，市场上 iPad 大降价，手中的 iPad 仅值 300 元了，即在使用的第 2 年中，出现了大

规模的资产减值损失。

第 2 年发生的资产减值损失,相当于笔者的设备出现了损耗,这些都是笔者投入的成本。因此成本增加了,哪怕实际上赚的钱与上一年一样多,最终的利润也会比上一年少。

可是,是什么使得孚日股份 2014 年至 2015 年的成本降低速度如此快、降幅如此大?再来看孚日股份的主营业务,为毛巾系列产品、纺织品、针织品、床上用品、服装、工艺品的生产及销售。它的原材料中棉花的占比非常大。图 15.1 所示为 2010 年至 2019 年期货市场棉花指数月线走势图,在期货市场上棉花价格从 2010 年的 33 692 元/吨,下跌至 2016 年的 9 990 元/吨,虽然 2018 年 6 月反弹,但总体位置还处于中低位,2019 年又跌到了低位。

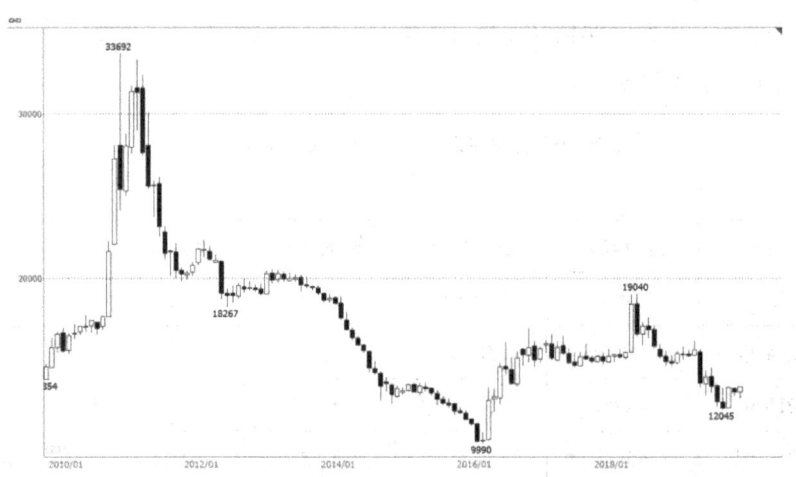

图 15.1 期货市场棉花指数月线走势图

由图 15.1 可知孚日股份的成本受棉花价格下降的影响而降低。那么为什么 2014 年之前,孚日股份的净资产收益率没有提高呢?或者说销售净利率没有提高呢?其原因在于,2015 年之前,它的资产减值损失过高,虽然直接成本减少,但长期摊销成本过高,导致了最终的利润过低。

关于孚日股份的盈余现金保障倍数,为什么 2013 年会高到如此程度?这还要从资产减值损失来说起。

例如,笔者买了 10 台冰柜用于卖冰棍,每台冰柜 3 000 元,共计 30 000 元的成本,计划使用 3 年后,再换新冰柜。那么长期摊销成本为 10 000 元/年。

如果每天赚100元净利润，1年的净利润便是36 500元。

需要注意的是，这10台冰柜是在经营冰棍生意前就已经购置的，钱已经花出去了。因此在经营的过程中，是看不到冰柜所产生的成本的，或者说成本不是以现金的形式出现的。但毕竟每天冰柜都在损耗，成本是实际发生的。所以笔者每一年都要拿10 000元出来，放到一个专门的钱匣子里，3年后这个钱匣子里会装满30 000元。原来的旧冰柜处理后，用这个匣子里的30 000元再购置新的冰柜。如此一来，每年拿出来的10 000元，便会以现金的形式形成可见的成本。

如果在第2年，冰柜价格大幅下跌，每台只值1 000元，10台冰柜价值为10 000元。按原来的计划，笔者手中冰柜初始价值为30 000元，使用了1年后，提出了10 000元的准备金，账面价值为20 000元。可是市场上的价格让笔者手中的冰柜只值10 000元了，那么就要将账面价值与市场价格相差的部分给减出来。

减多少出来呢？按市场价格来计算，冰柜只有10 000元的价值了，并且还要使用两年，因此按平均折旧来计算，到第3年，冰柜还值5 000元。所以在第2年，资产减值损失就不是原来的10 000元了，而是15 000元。

那么笔者就要在第2年的成本中，多加上5 000元，因为长期摊销成本变为15 000元，而不是原来的10 000元，所以第2年的利润会变少。不过冰柜的价值下跌，只是账面上的价值下跌，并不是真的损失了5 000元，笔者从收入中多拿5 000元放到钱匣子里，虽然利润变少了，但是现金变多了，并且是在经营过程中多出5 000元。这多出的5 000元，便加在了经营现金净流量中，以致虽然当年的利润减少，但是经营现金净流量却变多了。

回到孚日股份，2013年资产减值损失为2.03亿元，对应到2013年非常少的净利润上，盈余现金保障倍数当然就很高了。因此盈余现金保障倍数一旦过高，它必与摊销和折旧相关，遇到这种情况，可以直接从财务科目上寻找原因。

给孚日股份做一个总结：之所以2015年后的净利润变得那么高，是因为成本的大幅降低，棉花价格从2011年连续下跌，直至2019年，从每吨超过3万元下跌至1.20万元左右；但是在成本下跌的时期，2013年至2014年的净利润并没有升高，因为虽然2013年至2014年棉花成本处于下跌过程中，但还始终处于下跌的初始阶段和中继阶段，到2015年和2019年，棉花的价格才达到底部。同时由于2014年之前的资产减值损失过大，长期摊销成本过大，导致了前2年的净利润过低。

那么2018年以后，孚日股份的净利润还会大幅上涨，或者保持当前的水平吗？以分析的结果来看，孚日股份成本受原材料价格波动影响的程度很大，如果棉花价格一路上升，成本问题必然成为阻碍净利润进一步提升的因素。

15.3 中顺洁柔

中顺洁柔纸业股份有限公司（以下简称"中顺洁柔"）的主营业务为生产和销售高档生活用纸系列产品。中顺洁柔主要从事高档生活用纸的生产和销售，主要产品为洁柔和太阳品牌的卷纸、手帕纸、软抽纸和盒巾纸等。2014年4月，中山瑞德与中顺洁柔及全资子公司中顺洁柔（云浮）商贸有限公司（以下简称"云浮商贸"）签订了独家总经销协议，同意授权中顺洁柔及云浮商贸为中国（港澳台地区除外）的独家总经销商，经销菲比（Fitti）、宝宝（petpet）、一定妥＋护（Certainty Plus）、乐玩裤、Play Pants品牌的纸尿裤产品。此项合作是卫生用纸及纸尿裤两大行业合作的一个里程碑。

15.3.1 中顺洁柔的杜邦分析数据

表15.9所示为2013年至2018年中顺洁柔的杜邦分析数据。中顺洁柔的净资产收益率从2016年开始上涨，销售净利率与总资产周转率也同时高涨。这种"双高"的情况确实太少见了，所以需要分析这两组异动的数据，其内在逻辑是否经得住推敲。

表15.9　中顺洁柔的杜邦分析数据

时间	销售净利率（%）	总资产周转率（%）	权益乘数	净资产收益率（%）
2013年	4.64	55.69	1.97	5.09
2014年	2.70	55.43	1.94	2.90
2015年	2.97	65.12	1.87	3.62
2016年	6.83	84.42	1.67	9.63
2017年	7.52	80.08	1.90	11.44
2018年	7.17	110.36	1.55	12.26

15.3.2 中顺洁柔的现金状况

表 15.10 所示为 2013 年至 2018 年中顺洁柔的各种现金流数据。从表中的数据可以看出,中顺洁柔每股经营现金净流量常年为正值,自由支配现金 6 年之和为 3.23 亿元,并且净利润虽低,但回流现金增多。盈余现金保障倍数一般是逐渐趋于 1 的,在分析孚日股份时说过,过高的盈余现金保障倍数大都是从摊销和折旧上来的。不过只要有盈利,并且盈余现金保障倍数大于 1,便有深入分析的可能。

表 15.10 中顺洁柔的各种现金流数据

时间	每股经营现金净流量(元)	自由现金流(亿元)	经营现金净流量(亿元)	净利润(亿元)	盈余现金保障倍数
2013 年	0.69	-7.08	2.16	1.16	1.86
2014 年	0.65	-2.03	2.62	0.68	3.85
2015 年	0.88	3.09	4.29	0.88	4.88
2016 年	1.84	7.98	9.29	2.60	3.57
2017 年	0.77	-3.98	5.85	3.49	1.68
2018 年	0.34	5.25	4.37	4.07	1.07

15.3.3 中顺洁柔的盈利能力

通过杜邦分析数据得知,中顺洁柔 2016 年的销售净利率升高、总资产周转率升高,是使净资产收益率上涨的两大因素,2016 年是转折点,是要重点分析的年份。首先从净利润与营业收入入手。表 15.11 所示为 2013 年至 2018 年中顺洁柔的净利润、营业收入与销售净利率数据。从表中的数据可以看出,中顺洁柔自 2013 年起,营业收入每年都有不同程度的提高,同期利润由 2014 后开始跟随上涨。2016 年营业收入大涨 8.50 亿元,同时净利润上涨 1.72 亿元。

表 15.11 中顺洁柔的净利润、营业收入与销售净利率数据

时间	净利润(亿元)	营业收入(亿元)	销售净利率(%)
2013 年	1.16	25.02	4.64
2014 年	0.68	25.22	2.70

续表

时间	净利润（亿元）	营业收入（亿元）	销售净利率（%）
2015年	0.88	29.59	2.97
2016年	2.60	38.09	6.83
2017年	3.49	46.38	7.52
2018年	4.07	56.79	7.17

表15.12所示为2013年至2018年中顺洁柔的营业收入、营业成本与三大费用数据。如果以2014年至2018年来计算，中顺洁柔的营业收入的增长率为125.18%，营业成本的增长率为112.24%，可见营业收入增长之快、幅度之大，成本控制效果显著。

从这组数据可以看出，中顺洁柔的盈利能力确实在大幅提高，并且自2016年开始销售费用逐年上涨，可见在销售上中顺洁柔已经开始发力。

表15.12 中顺洁柔的营业收入、营业成本与三大费用数据

单位：亿元

时间	营业收入	营业成本	管理费用	销售费用	财务费用
2013年	25.02	17.45	1.67	4.14	0.40
2014年	25.22	17.64	1.68	3.95	0.73
2015年	29.59	20.11	1.98	5.17	1.05
2016年	38.09	24.41	2.05	7.21	0.59
2017年	46.38	30.19	2.49	8.86	0.47
2018年	56.79	37.44	3.10	10.13	0.56

表15.13所示为2013年至2018年中顺洁柔的营业收入和总资产数据。从表中的数据可以看出，中顺洁柔2013年至2016年，作为总资产周转率计算公式分母的总资产基本未变，分子营业收入连年增加，导致总资产周转率在近4年不断上升。2017年营业收入与总资产同时增长，2018年营业收入增长，总资产降低，总资产周转率进一步提高。不过，既然中顺洁柔每年都有盈利，它的总资产为什么4年都没有发生过大幅变化，以及2018年总资产为什么会减少呢？

表 15.13 中顺洁柔的营业收入和总资产数据

时间	营业收入（亿元）	总资产（亿元）	总资产周转率（%）
2013 年	25.02	44.93	55.69
2014 年	25.22	45.50	55.43
2015 年	29.59	45.44	65.12
2016 年	38.09	45.12	84.42
2017 年	46.38	57.92	80.08
2018 年	56.79	51.46	110.36

表 15.14 所示为 2013 年至 2018 年中顺洁柔的总负债、净资产、总资产和资产负债率数据。从表中的数据可以看出，虽然中顺洁柔近 6 年总资产未见大幅增长，但它在不断调整自己的资产结构，赚的钱大多用于偿还债务，提高了净资产占总资产的比例。从 2013 年开始，资产负债率为 49.21%，至 2016 年已经下降到了 40.25%。2017 年负债增多，但 2018 年又再次降低，净资产额度在不断地提高，总负债金额除 2017 年外在不断降低，因此中顺洁柔总资产周转率的上升是良性的。

表 15.14 中顺洁柔的总负债、净资产、总资产和资产负债率数据

时间	总负债（亿元）	净资产（亿元）	总资产（亿元）	资产负债率（%）
2013 年	22.11	22.82	44.93	49.21
2014 年	22.00	23.50	45.50	48.35
2015 年	21.10	24.34	45.44	46.43
2016 年	18.16	26.96	45.12	40.25
2017 年	27.48	30.44	57.92	47.44
2018 年	18.35	33.11	51.46	35.66

对于中顺洁柔的总结是：营业收入与净利润同时提高，并且幅度很大，可见中顺洁柔的盈利能力已大幅提高。而且自转折点 2016 年后销售费用不仅没有缩水，反而更高。在中顺洁柔盈利的这几年中，它并不急于扩张自己的资产负债表，而是调整资产结构，使净负债占比尽量缩小，总资产总额尽量不变，在

营业收入不断提高的前提下,总资产周转率有所提高。其盈利能力的提升、总资产周转率的提高,最终推动了净资产收益率的上涨。

15.4 长春高新

长春高新技术产业(集团)股份有限公司(以下简称"长春高新")的主营业务为生物制药及中成药的研发、生产和销售。公司公告称:"目前全国有400家医院可以对儿童矮小症进行治疗,金赛药业已经基本全部覆盖。据中信建投统计,生长激素现有出厂价口径的销售规模为十几亿元,每年保持30%左右增长幅度。国内可使用生长激素的矮小症患者超过200万人,潜在零售终端的市场容量超过200亿元。另据北京物生宏利资管中心统计,2008年至2012年我国生长激素市场销量分别为5.30亿元、6.50亿元、8.60亿元、10.50亿元、12.72亿元,按照当前年均24%的增长率计算,预计到2015年国内市场销量可达21.21亿元。"

通过这份公告可以了解到,治疗儿童矮小症需要用激素药,并且全国400家医院,几乎都使用金赛药业的药,那么金赛药业和长春高新是什么关系呢?原来长春金赛药业有限责任公司(以下简称"金赛药业")是长春高新的子公司,成立于1996年,行政总部和生产总部设于长春,营销总部设于上海。

15.4.1 长春高新的杜邦分析数据

表15.15所示为2013年至2018年长春高新的杜邦分析数据。长春高新的权益乘数除2017年略高以外基本没有变化。销售净利率由2013年开始稳步提升,同时总资产周转率在2013年至2016年稳步下降,2016年后,2017年与2018年净资产收益率在销售净利率没有降低的情况下升高。驱动长春高新净资产收益率不断升高的主要因素为销售净利率的稳步提高与2018年提高的总资产周转率。

表15.15 长春高新的杜邦分析数据

时间	销售净利率(%)	总资产周转率(%)	权益乘数	净资产收益率(%)
2013年	13.86	72.94	1.65	16.68
2014年	14.06	71.86	1.54	15.56

续表

时间	销售净利率（%）	总资产周转率（%）	权益乘数	净资产收益率（%）
2015 年	15.99	62.95	1.57	15.80
2016 年	16.74	46.70	1.39	10.87
2017 年	16.14	70.82	1.90	21.72
2018 年	18.72	104.45	1.55	30.31

15.4.2 长春高新的现金状况

表 15.16 所示为 2013 年至 2018 年长春高新的各种现金流数据。从表中的数据可以看出，作为一家高科技公司，长春高新的投资现金流出必然会很大，但它的自由现金流除 2016 年外皆为正值，6 年自由现金流总和为 8.05 亿元，可见它的经营现金净流量有多高。6 年间账面净利润为 31.39 亿元，收回的现金有 31.23 亿元，现金回流方面令人放心。

表 15.16 长春高新的各种现金流数据

时间	每股经营现金净流量(元)	自由现金流（亿元）	经营现金净流量（亿元）	净利润（亿元）	盈余现金保障倍数
2013 年	3.80	2.67	4.99	2.84	1.76
2014 年	2.13	1.70	2.80	3.18	0.88
2015 年	5.87	4.76	7.71	3.84	2.01
2016 年	1.81	-13.43	3.08	4.85	0.64
2017 年	2.24	6.05	3.81	6.62	0.58
2018 年	5.20	6.30	8.84	10.06	0.88

15.4.3 长春高新的盈利能力

表 15.17 所示为 2013 年至 2018 年长春高新的净利润、营业收入与销售净利率数据。从表中的数据可以看出，长春高新的净利润与营业收入同步上升，净

利润增长速率为 28.78%，营业收入的增长速率为 21.79%，净利润的上涨速度更快，可见其经营状况是非常理想的。

表 15.17 长春高新的净利润、营业收入与销售净利率数据

时间	净利润（亿元）	营业收入（亿元）	销售净利率（%）
2013 年	2.84	20.49	13.86
2014 年	3.18	22.62	14.06
2015 年	3.84	24.02	15.99
2016 年	4.85	28.97	16.74
2017 年	6.62	41.02	16.14
2018 年	10.06	53.75	18.72

15.5 齐心集团

深圳齐心集团股份有限公司（以下简称"齐心集团"）的主营业务为文件管理用品、办公设备、桌面文具等综合办公用品的研发、生产、销售。公司公告称："公司主营产品包括文件管理用品、OA 办公设备、桌面文具和办公耗材等 1 000 余种，现有潮阳和观澜两大生产基地，产品销往北美、欧洲、中东、东南亚等 100 多个国家和地区。"

15.5.1 齐心集团的杜邦分析数据

表 15.18 所示为 2013 年至 2018 年齐心集团的杜邦分析数据。齐心集团的净资产收益率不太稳定，2016 年其净资产收益率由 2015 年的 1.74% 上涨至 8.39%，此处的数值异动，值得仔细研究。

表 15.18 齐心集团的杜邦分析数据

时间	销售净利率（%）	总资产周转率（%）	权益乘数	净资产收益率（%）
2013 年	1.67	94.43	1.57	2.48
2014 年	1.78	84.92	1.70	2.57

续表

时间	销售净利率（%）	总资产周转率（%）	权益乘数	净资产收益率（%）
2015 年	1.26	64.73	2.13	1.74
2016 年	3.66	75.41	3.04	8.39
2017 年	4.40	67.53	1.92	5.70
2018 年	4.53	60.33	2.80	7.65

15.5.2 齐心集团的现金状况

表 15.19 所示为 2013 年至 2018 年齐心集团的各种现金流数据。从表中的数据可以看出，齐心集团的每股经营现金净流量 6 年间有 3 年为负值，其盈余现金保障倍数的正负值交叉出现，极不稳定。6 年间账面净利润为 5.14 亿元，收回现金流为 5.86 亿元，现金回流的总体状况还可以。如果只看 2018 年的现金流状况，还是相当理想的。

表 15.19 齐心集团的各种现金流数据

时间	每股经营现金净流量（元）	自由现金流（亿元）	经营现金净流量（亿元）	净利润（亿元）	盈余现金保障倍数
2013 年	-0.14	-1.29	-0.53	0.28	-1.89
2014 年	0.20	-0.63	0.77	0.29	2.66
2015 年	-0.11	-3.78	-0.40	0.20	-2.00
2016 年	0.98	1.82	3.68	1.05	3.50
2017 年	-0.38	-3.15	-1.64	1.40	-1.17
2018 年	0.62	1.82	3.98	1.92	2.07

15.5.3 齐心集团的举债并购

重点分析齐心集团 2016 年的杜邦数据，变化最大的是权益乘数和销售净利率。权益乘数的变大，是指在资产结构中，负债的比重变大，净资产比重变小，或只是负债的比重变大。而销售净利率的提升却是"货真价实"的，先暂且认为齐心集团的盈利能力在2016年发生了质的变化。

表15.20所示为2013年至2018年齐心集团的净利润、营业收入与销售净利率数据。从表中的数据可以看出，齐心集团2016年的净利润约是2015年的5倍，约是2014年的3倍；2016年的营业收入分别是前两年的近两倍。如果齐心集团没有发生重大的资产结构变化，是很难在短短一年时间里实现如此幅度的飞跃的。

表15.20 齐心集团的净利润、营业收入与销售净利率数据

时间	净利润（亿元）	营业收入（亿元）	销售净利率（%）
2013年	0.28	16.78	1.67
2014年	0.30	16.33	1.84
2015年	0.20	15.82	1.26
2016年	1.05	28.65	3.66
2017年	1.40	31.82	4.40
2018年	1.92	42.41	4.53

因此我们需要从财务报表数字之外来寻找线索。2016年3月24日，齐心集团与新余中兴达投资合伙企业（有限合伙）、新余新云众投资管理合伙企业（有限合伙）、彭荣涛、杨红磊和侯刚签订了《股权收购协议》。齐心集团自筹资金5.60亿元收购深圳银澎云计算股份有限公司（以下简称"银澎云计算"）100%的股权。本次交易完成后，齐心集团将持有银澎云计算100%的股权。

齐心集团在收购了银澎云计算后在年中合并了报表。因此销售净利率的提高，是银澎云计算为齐心集团带来的。齐心集团在2011年没有合并银澎云计算报表时，其销售净利率为5.85%，至2013年，下降为1.67%。2016年，齐心集团即便合并了银澎云计算的报表，销售净利率也只达到3.66%。那么是不是可以推导出，齐心集团的主营业务平平，收购银澎云计算仅仅是为了寻找一条出路？虽然银澎云计算的表现令人惊艳，但也没有达到它往日的辉煌。

齐心集团为什么2016年在主营业务方面不比往年，但2016年的净资产收益率却比往年更高呢？那是因为2016年齐心集团的权益乘数变高了。

表15.21所示为2013年至2018年齐心集团的总负债、净资产、总资产和资产负债率数据。从表中的数据可以看出，齐心集团2016年的净资产只增加了1.05

亿元，而总负债却增加了 12.49 亿元，可见齐心集团是借钱收购了银澎云计算。因此齐心集团 2016 年的净资产收益率为 8.39%。

表 15.21　齐心集团的总负债、净资产、总资产和资产负债率数据

时间	总负债（亿元）	净资产（亿元）	总资产（亿元）	资产负债率（%）
2013 年	6.44	11.33	17.77	36.24
2014 年	7.92	11.31	19.23	41.19
2015 年	12.98	11.46	24.44	53.11
2016 年	25.47	12.51	37.99	67.04
2017 年	22.62	24.50	47.12	48.01
2018 年	45.17	25.13	70.30	64.25

15.6　通策医疗

通策医疗股份有限公司（以下简称"通策医疗"）的主营业务为医疗服务投资及口腔医疗服务。通策医疗公司公告称，2013 年 5 月，通策医疗与波恩有限公司合资的杭州波恩生殖技术管理有限公司完成工商登记。通策医疗从事辅助生殖医疗管理业务，提供与辅助生殖医疗业务有关的咨询服务。注册资本中，通策医疗全部以现金出资，占注册资本的 70%；波恩有限公司以技术及管理服务出资，占注册资本的 30%。2013 年 6 月，通策医疗与重庆研究院签署《合作框架协议》，合作成立重庆波恩生殖医院，通策医疗占 51% 股权，双方合作期为 15 年。2016 年 12 月公告称，通策医疗拟定增募资 14 亿元，计划全部用于投建"浙江存济妇女儿童医院"（总投资为 17.2 亿元），拟投建的医院是一家以妇科肿瘤、孕产及生殖相关医疗服务为特色的综合医院。

15.6.1　通策医疗的杜邦分析数据

表 15.22 所示为 2013 年至 2018 年通策医疗的杜邦分析数据。从表中的数据可以看出，通策医疗的净资产收益率非常显眼，6 年间一直保持在 15% 以上，2013 年至 2016 年通策医疗的净资产收益率却以极稳定的、极缓慢的速率下降，

从 2013 年的 17.68% 下降至 2016 年的 15.12%，2018 年上涨至 22.88%。如果只看净资产收益率的绝对值，这无疑是一只让我们想买入的股票。但其销售净利率和总资产周转率呈现"双降"态势，让我们担心其净资产收益率可能还会继续下跌。

表 15.22　通策医疗的杜邦分析数据

时间	销售净利率（%）	总资产周转率（%）	权益乘数	净资产收益率（%）
2013 年	21.60	71.78	1.14	17.68
2014 年	18.84	73.64	1.16	16.09
2015 年	16.25	63.74	1.58	16.37
2016 年	15.47	68.35	1.43	15.12
2017 年	18.39	65.74	1.63	19.71
2018 年	21.47	72.48	1.47	22.88

15.6.2　通策医疗的现金状况

表 15.23 所示为 2013 年至 2018 年通策医疗的各种现金流数据。从表中的数据可以看出，通策医疗的每股经营现金净流量在增长，净利润还保持着上涨，说明通策医疗的盈利能力还在增强。其盈余现金保障倍数一直保持在 1 以上，并且相对稳定。前面在讲盈余现金保障倍数时讲过，盈余现金保障倍数并不是越高越好，而是在大于 1 的基础上，越稳定越好。

表 15.23　通策医疗的各种现金流数据

时间	每股经营现金净流量（元）	自由现金流（亿元）	经营现金净流量（亿元）	净利润（亿元）	盈余现金保障倍数
2013 年	0.84	0.99	1.34	1.00	1.34
2014 年	0.80	0.40	1.29	1.10	1.17
2015 年	0.57	0.25	1.91	1.24	1.54
2016 年	0.50	0.16	1.61	1.36	1.18
2017 年	1.08	0.76	3.47	2.17	1.60
2018 年	1.46	-1.28	4.69	3.32	1.41

15.6.3 通策医疗的稳定经营

表 15.24 所示为 2013 年至 2018 年通策医疗的净利润、营业收入与销售净利率数据。通策医疗的净利润与营业收入的增长速率并未减弱。净利润与营业收入的复合增长率皆为 27%。

表 15.24 通策医疗的净利润、营业收入与销售净利率数据

时间	净利润（亿元）	营业收入（亿元）	销售净利率（%）
2013 年	1.00	4.63	21.60
2014 年	1.10	5.84	18.84
2015 年	1.24	7.63	16.25
2016 年	1.36	8.79	15.47
2017 年	2.17	11.80	18.39
2018 年	3.32	15.46	21.47

表 15.25 所示为 2013 年至 2018 年通策医疗的总负债、净资产、总资产与资产负债率数据。从表中的数据可以看出，通策医疗总体来说，6 年间总资产和净资产是一直在增加的。不过总资产周转率与权益乘数近 6 年变化不大，对净资产收益率的影响并不大。通策医疗在销售净利率的驱动下，净资产收益率不断抬高，良性发展。

表 15.25 通策医疗的总负债、净资产、总资产与资产负债率数据

时间	总负债（亿元）	净资产（亿元）	总资产（亿元）	资产负债率（%）
2013 年	0.81	5.64	6.45	12.56
2014 年	1.07	6.86	7.93	13.49
2015 年	4.38	7.60	11.97	36.59
2016 年	3.87	8.99	12.86	30.09
2017 年	6.95	10.99	17.95	38.72
2018 年	6.85	14.48	21.33	32.11